集人文社科之思 刊专业学术之声

集 刊 名：北外法学
主办单位：北京外国语大学法学院
主 编：米 良
副 主 编：王文华 郑 曦（执行）

BFSU LEGAL SCIENCE

编辑委员会

顾 问：姜兴长 黄 进 王利明 崔亚东 由 嵘 朱苏力

主 任：米 良

副主任：王文华

委 员：米 良 万 猛 王文华 张海征 姚金菊 闫 冬 傅宏宇
姚艳霞 万 方 刘丽娟 姚 琦 冀 诚 刘 静 陈明涛
顾 宾 张燕龙 叶桂峰

编 辑：米 良 王文华 郑 曦 张燕龙 金晓文

总第10期

集刊序列号：PIJ-2018-336
中国集刊网：www.jikan.com.cn/北外法学
集刊投约稿平台：www.iedol.cn

北京外国语大学法学院　主办

# 北外法學

2023年第2期　总第10期

# BFSU LEGAL SCIENCE

米良　主编

本刊受到北京外国语大学“双一流”建设经费的资助支持

# 目 录

# 一　刑事法研究

# 刑事诉讼阶段性出罪与刑法的交互作用及机制[*]

拜荣静　翟彧洋[**]

**摘要：** 出罪机制对于提高我国刑事司法文明现代化、完善刑事法律制度体系具有重要的社会治理作用。建构系统完备的出罪机制需要刑法与刑事诉讼法对接良性交互作用。近年来，《刑法修正案（九）》之后的刑法修正案将诸多行政违法行为纳入刑事规制范畴，司法机关不得不面对轻罪案件激增的现实，为配合刑法修正案，《刑事诉讼法》亦及时修改，创立认罪认罚从宽制度和刑事速裁程序，扩大简易程序适用范围，以达至公正与效率的平衡。刑法入罪导致犯罪圈扩大，引致犯罪人身份带来的诸多牵连社会问题，如何进一步正确理解适用《刑法》“但书”条款，并在刑事诉讼各阶段对符合法定情形可以适用出罪的案件当事人免予刑事处置，就成为《刑法修正案（九）》以后应研究的重点问题。因此，如何实现刑事诉讼阶段性出罪与刑法交互作用，对于完善刑事法律体系逻辑自洽与制度衔接具有重要意义。

**关键词：** 刑事诉讼　阶段性出罪　刑法

## 一　引言

宽严相济作为我国刑事诉讼体系构建的实践政策之一，对于正确打击

---

* 本文受兰州大学法学院关于开展研究阐释党的二十大精神专项课题“十八大以来深化司法体制综合配套改革的回顾、省思与完善”资助。

** 拜荣静，法学博士，兰州大学法学院教授，博士生导师，研究方向为刑事诉讼法学；翟彧洋，兰州大学法学院硕士研究生，研究方向为刑事诉讼法学。

犯罪活动及保障刑事案件的公正处理、维护社会长治久安具有重要意义。宽严相济刑事政策贯穿于刑事立法、执法、司法的全过程，亦体现为我国《刑法》第 13 条中的“但书”规定，即具有刑事违法性的活动已经完成但情节显著轻微的，不认为是犯罪，“‘但书’系当前各国刑事立法例中极少数叙明刑法谦抑性之条款”。[①] 该条款的规定是我国刑事立法活动面对改革开放后新形势下，社会中存在的大量虽违反《刑法》但本身并未造成严重后果及社会影响的刑事违法性行为采取的“宽大处理”，体现了刑事诉讼中宽严相济的内涵要求。“但书”规定有关不予追究刑事责任或不认定为犯罪的具体执行则需要通过刑事诉讼程序及相关流程实现。

除《刑法》“但书”规定外，《刑事诉讼法》中亦有在刑事案件不同诉讼阶段中，被追诉人之行为未造成严重后果时不予追究刑事责任的规定。具体而言，一是在案件尚处于侦查阶段时，《刑事诉讼法》第 163 条规定，侦查机关在立案之后对案件进行侦查时，如若发现行为本身不构成犯罪或者被追诉人符合不被追究刑事责任的相关条件，可以撤销案件，案件的撤销本身并不直接说明行为人的行为不具有违法性，而是其行为本身符合法定出罪的相关条件。二是在审查起诉阶段，根据《刑事诉讼法》第 177 条，人民检察院可以在侦查机关侦查完毕将案件移送至检察院进行审查起诉时，根据本条及《刑事诉讼法》第 16 条的规定，对依法可以不予追究刑事责任的案件作出不起诉决定。同时，本条要求人民检察院依法对在侦查阶段针对行为人的财产进行的冻结、扣押等措施予以解除，而对于应该对行为人予以行政处罚等其他措施的，人民检察院则可以提出检察意见交由相应的主管机关负责执行。三是在案件的审判阶段，对于刑事案件而言，庭审中普遍存在的焦点之一便是行为人之行为是否构成犯罪，对于此，检方往往在起诉书中表明被追诉人的罪名及应判处的刑罚，辩方则有可能提出无罪辩护，法官居中审理，根据案件证据进行裁判。根据我国《刑事诉讼法》第 200 条的规定，我国将无罪判决分为两种：一种是法律认定被告人的行为不构成犯罪，即被告人的行为本身并不具有犯罪性质；

① 刘艳红：《目的二阶层体系与“但书”出罪功能的自洽性》，《法学评论》2012 年第 6 期。

另一种是证据不足，不能认定被告人有罪。本条中有关证据不足不能定罪的表述体现了证据裁判主义的要求，是刑事司法文明的重要表现，我国《刑事诉讼法》在案件处理的各阶段都规定了相应的出罪条件。

出罪的本质是不认为行为人之行为是犯罪且不需负刑事责任，因此，出罪机制应以刑法对犯罪性质的认定为基础与限制，以《刑法》中的相关规定为基本执行方式，构建刑事诉讼阶段性出罪机制需要刑法与刑事诉讼法的交互作用与连携。在出罪机制中实现实体正义与程序正义统一的前提下，充分体现刑事诉讼独立品格应成为刑事诉讼阶段性出罪机制的关键。

## 二　刑法出罪对于刑事诉讼阶段性出罪的功能限定

我国现行《刑法》中并不存在明确的以出罪为条款核心的规范。因此，刑法有关出罪功能的限定性表述一般以《刑法》第 13 条及“但书”条款的规定为主。在司法实践中，人民法院亦多以“但书”条款所规定的“不认为是犯罪”这一表述为作出无罪判决的主要依据。刑法之出罪功能，应首先就“但书”条款相关规定进行研究，并同时关注司法实践中适用这一条款的具体情形。

### （一）刑法出罪功能的逻辑架构

刑事诉讼核心问题是判明行为人之行为是否构成犯罪，如若构成犯罪又应给予何种处罚。不同于传统大陆法系或英美法系刑事法律中关于犯罪概念及犯罪行为的二元规制，我国刑法对犯罪概念及犯罪行为的规范采用的是一元模式。具体有两种体现，一是《刑法》分则中有关各类罪及不同罪名之犯罪构成的具体规制，“司法者赖以区分罪与非罪的根本依据就是犯罪的本质特征”。[①] 如果并不符合本罪构成要件之该当性则予以法定出罪。二是《刑法》总则中法定出罪的各项事由，特别是其中关于“但书”的规定在司法实践中尤其具有重要地位。根据《刑法》第 13 条的相关规

① 王昭武：《犯罪的本质特征与但书的机能及其适用》，《法学家》2014 年第 4 期。

定，任何行为即使完全符合犯罪构成全部要件，如果情节显著轻微且造成的危害不大则可不认为是犯罪，由此实现刑事诉讼的出罪功能。这一规定是对《刑法》分则中各类罪及具体罪名统一且抽象的适用，从而要求刑事诉讼中对符合犯罪构成要件的行为进行认定时，仍要依法对其违法活动作定量分析，此处的“量”即其行为所侵犯的法益之大小与数量及其造成的社会影响，由此限制了刑事案件的审判者依据个人主观观点，对刑事诉讼出罪依据过度自由裁量。

### （二）《刑法》“但书”出罪的模式选择

不同于民事法律贯穿并作用于民事诉讼的全过程，在刑事诉讼中，《刑法》往往仅在审判阶段作为判决依据予以应用，因此，《刑法》中关于出罪的功能限定通常作用于诉讼进入审判之后。同时，在理论方面，《刑法》“但书”规范居于《刑法》总则的重要篇章，其理应具有保障出罪实现的功能，然而在司法实践中，除却以证据不充足为由判处无罪的案件，人民法院是否可以直接依据该条款对任何罪名予以出罪仍值得商榷。基于上述问题，目前我国司法界以两种模式对该条款加以适用。一是案件经审理后，人民法院认为被告人的行为并不完全符合公诉罪名的构成要件，在此基础之上依据该条款判定被告人无罪。“即法院在认定被告人的行为显然不符合犯罪构成要件的基础上，进而运用‘情节显著轻微危害不大’来予以出罪。”① 二是案件经审理后，人民法院认为被告人的行为完全符合公诉罪名的全部构成要件，但仍然以“但书”中的条款认定其行为情节显著轻微，不认为是犯罪。“因此，对于刑法中的但书规定，还是需要从法理上进行深入的探讨。”② 由此可见，我国刑事审判中以“但书”为法律依据对被告人实行出罪的裁判模式有两种考量，其内部逻辑与裁判理由均存在较大差异，故而，何者应该作为《刑法》“但书”条款的应用模式仍值得思考。

---

① 储陈城：《“但书”出罪适用的基础和规范》，《当代法学》2017 年第 1 期。

② 陈兴良：《但书规定的法理考察》，《法学家》2014 年第 4 期。

### （三）《刑法》“但书”出罪的法理基础

《刑法》“但书”条款出罪机制司法适用具有两种迥异模式。就司法实践层面而言，“但书”条款为人民法院作出无罪判决提供了明确的法律依据；然而就理论层面而言，“但书”条款存在之学理依据一直是我国刑事学术界热议话题之一。究其原因，则在于“但书”条款在形式上与我国刑法有罪必究、有案必破的传统观念较为不符，因此，对于“但书”条款的法理基础之讨论应从对其存在合理性之质疑出发并由此延伸至对其正当性的讨论。

《刑法》中有关“但书”的规定在我国司法实践中应用已久，且成功地实现了出罪功能。然而，学理界对“但书”的法理基础及其合理性质疑不断。目前，反对“但书”规定的学术观点主要有两种。

第一种观点认为，“但书”规定是对罪刑法定原则的突破，不符合我国确立罪与非罪界限的标准，该观点的核心逻辑是对我国《刑法》规定的犯罪概念之解读。该观点认为我国在进行刑事立法时，对犯罪概念确定了两种标准。一是规范性标准，即条款中所言明的依法应受刑罚处罚的行为是犯罪。“换言之，判断某种行为是否为罪，不在于该行为是否值得刑罚处罚，而在于立法者是否将这种行为规定为犯罪。”① 二是社会性标准，即本条款所言明的其他危害社会的行为亦为犯罪。该观点认为所谓其他危害社会的行为不存在客观可供比照的标准或界限，此乃立法者对于犯罪行为不可完全预见的无奈下创造的兜底性规定。从而不应将这一具有模糊性、不确定性的标准强加于司法人员及作为守法人员的社会公民，这不仅易造成司法人员主观认知不一，导致同案不同判的现象，同时还会造成社会公民对于刑法的不可预期而出现法威不可测的问题。因此，该观点认为犯罪的概念应该严格遵守规范性标准从而体现罪刑法定原则。在此基础上，“但书”中有关危害不大的语言实质上亦是对被追诉人行为造成的结果进行衡量的社会性标准。在规范性标准体现罪刑法定原则的情况下，以

① 刘艳红：《形式入罪实质出罪：无罪判决样本的刑事出罪机制研究》，《政治与法律》2020 年第 8 期。

社会性标准为核心的“但书”规定实质上与罪刑法定原则存在冲突，突破了法律对犯罪概念的客观限制而加入了司法者人为的主观裁量，因此，这一规定不符合刑法的立法精神。

第二种观点认为，“但书”条款实质上与我国刑法犯罪构成理论发生冲突，法院据此作出裁判可以突破犯罪构成的形式要件，据此该条款便具有实质解释犯罪概念与理论的权利。该观点事实上并不排斥“但书”条款的存在，其认为这一条款有利于对什么行为不是犯罪作出补充解释，但基于上述原因，该观点认为“但书”若直接运用于司法审判中，必然导致司法者对犯罪概念的外延具有解释权。同时，犯罪构成理论是我国刑法关于犯罪成立的标准，而犯罪概念则不可作为评定犯罪成立的界限，因此，基于犯罪概念而存在的“但书”条款如若可以在司法审判中直接运用，则将造成犯罪成立标准的主观化及模糊化。根据我国的刑法理论，被追诉人行为符合所诉罪名犯罪构成要件，则应当判定犯罪成立，而此时援引《刑法》第 13 条规定判令被追诉人无罪，会使犯罪构成虚置化。被告人行为不符合犯罪构成的形式要件，则可直接据此宣告被告人无罪，进而无必要运用“但书”条款予以补强。

上述两种观点对“但书”条款存在的合法性与合理性提出了质疑，分别从刑法的立法原则与司法实践中关于犯罪成立的标准两方面进行了阐释，但上述两种观点均具有相应的局限性。

首先，我国刑法在犯罪概念部分规定了两种衡量标准：一是规范性标准即法定的犯罪概念；二是社会性标准。上述两种标准构成了我国犯罪概念的第一部分即入罪标准，而其后的“但书”标准则为出罪标准。认为此种犯罪概念违背了罪刑法定原则，其所依据的是社会性标准难以客观化与规范化，然而事实上有且仅有在司法机关于审判中对犯罪行为的认定前轻后重时，才会发生违背罪刑法定原则以司法人员主观认知判定犯罪的情况。同时，罪刑法定原则的精神内涵为使无罪之人不受法律追诉以此保障被追诉人的基本人权。而“但书”条款亦要求对无罪之人不予追诉，给予其出罪认定保障基本人权，从这一角度而言，罪刑法定原则与“但书”条款在价值追求与精神内涵方面保持一致，并无冲突，故“但书”条款的存在具有其法理基础。

其次，目前刑事司法中存在较为严重的入罪、重罪倾向，一方面这与我国自古以来重刑轻民的司法观念有关联，另一方面则因为我国刑事诉讼制度不完善及司法人员出罪意愿低迷。此种情形使得司法人员往往更加注重对入罪及其外延进行解释与扩展，而对大量无罪辩护则持双重标准予以审查。换言之，司法人员在对被告人行为进行判断时，往往对入罪标准进行超限度的实质性考察，而对出罪标准则只作形式审查。所谓对于入罪进行过限审查是指司法人员在对被告人的行为进行认定时，会对被告人行为中不符合犯罪构成要件的部分采取过度解释，使其符合犯罪构成要件该当性。同时，在出罪标准方面，司法人员则往往仅对出罪要件进行形式审查，即对被追诉人行为是否符合犯罪构成要件进行审查，如若符合则不予出罪，忽略行为的应罚性。因此，“但书”条款是全面审视被追诉人行为的警示器，警醒司法人员在进行行为认定时，不仅应该对犯罪入罪标准作实质审查，亦应对出罪标准作实质审查。

## 三　刑事诉讼阶段性出罪对于刑法出罪的机制补益

刑事诉讼的出罪依据及功能不仅局限于刑法对于刑事诉讼各阶段法定出罪事由规制方面，由于出罪本身既涉及刑法有关犯罪是否成立的认定及最终是否出罪的实体性和程序性认定，又关乎执行过程与操作规范的程序性设计。“出罪的《刑事诉讼法》根据主要涉及《刑事诉讼法》第 7 条、第 15 条、第 16 条及第 177 条第二款。其中，第 7 条规定了出罪的职能根据，第 15 条、第 16 条和第 177 条规定了出罪的职权根据。”[①] 在具体司法实践中，《刑事诉讼法》在刑事诉讼的诸多阶段影响实体法的具体适用，因此，出罪不仅需要《刑法》对其基本事由作出基础性规范，更需要《刑事诉讼法》在程序适用中加以规制，方可实现其功能。

---

① 孙本雄：《出罪及其正当性根据研究》，《法律适用》2019 年第 23 期。

## （一）刑事诉讼阶段性出罪功能的逻辑架构

《刑事诉讼法》作为与《刑法》相对应的实体法，宏观方面承担了具体落实《刑法》的职责，微观方面亦在个案中对犯罪嫌疑人行为的具体评价与裁判具有重要作用。因此，刑事诉讼出罪模式可以分为以下两类。

一是在刑事诉讼的诸阶段均设置了法定出罪事由及程序，并要求负责不同诉讼阶段的国家机关之间需要相互配合以查明犯罪事实，对于不应追诉之人及时予以出罪，在此基础之上，由负责不同阶段程序的国家机关对上一诉讼阶段中的实体性及程序性事项进行审查，从而实现相互监督制约的作用。刑事诉讼各个阶段均可以由相关国家机关对犯罪行为进行认定与处理，换言之，刑事诉讼过程的各个阶段，国家机关均有权对犯罪行为予以出罪，只是各机关基于不同功能与职权实现出罪的方式不同。这与《刑法》的价值追求保持了一致，亦体现了《刑事诉讼法》作为程序法对实体法重要的补强与修正作用。

二是刑事诉讼中程序行为引致出罪的实体法效果。其中主要表现为程序违法导致实体法无法适用而形成的出罪效果。“即以实体上刑事责任的减轻甚至免除直接作为程序违法的救济方式。”①值得注意的是，此种程序出罪功能在域外多国已有相关理论及司法实践，如日本将公权力在诉讼中的肆意干涉作为重大审查对象，在刑事诉讼程序进行中发现此类现象则将裁定程序终结，最终达到刑事诉讼阶段性出罪以维持程序正义。我国《刑事诉讼法》中，在程序价值层面亦有与上述出罪模式相类似的规则制度，即非法证据排除规则。如《刑事诉讼法》第 56 条规定，在案件侦办过程中通过刑讯逼供或通过其他暴力、威胁等方法收集的被追诉人口供应该予以排除，而通过有可能影响司法公正的方法收集物证与书证类证据则需要作出合理解释，若收集该证据的主管机关不能作出合理解释，则应依法对上述证据进行排除。这一规定在一定程度上可限制司法机关处理刑事案件时采取强制措施的任意性，同时亦可将非法手段获取的证据予以排除，从

① 孙远：《论程序规则的出罪功能及其限度——以程序违法的实体减轻效果为中心》，《政治与法律》2020 年第 2 期。

而实现刑事诉讼阶段性出罪。

## （二）刑事诉讼出罪的阶段性

### 1. 侦查阶段出罪

由公安机关负责的侦查作为刑事诉讼的早期阶段程序，对于查明案件事实、收集案件证据等具有重要价值。立案侦查是刑事诉讼正式开始的标志，亦是判断被追诉人行为是否为犯罪的第一阶段。我国《刑事诉讼法》关于侦查阶段出罪的相关规定散见于第一编第一章与第二编第二章中。第一编第一章第 16 条规定在几种情形下应不予追究刑事责任，侦查机关应对案件予以撤销，主要包括：犯罪情节显著轻微危害不大则不认为是犯罪；犯罪已经经过追诉期限而不得继续追诉；经过国家发布特赦令宣告免除刑罚；依照作为实体法的刑法应属于告诉才处理的案件未经告诉或者被害人撤回告诉；犯罪嫌疑人死亡等。

值得注意的是犯罪情节显著轻微类型的案件，这一表述与前述《刑法》“但书”条款的表述一致，均要求司法实践中司法人员应对不法行为所侵害的法益进行社会危害性方面的考察，从而对被追诉人之行为的应罚性进行判断，如若不存在应罚性则应予以出罪。该条款一方面体现了我国《刑事诉讼法》与《刑法》立法方面的价值目标一致，另一方面体现了我国《刑事诉讼法》在程序上对实体法的落实与贯彻。第二编第二章第 163 条规定，若侦查人员在案件侦办过程中发现不应当对犯罪嫌疑人追究刑事责任，则应该对案件采取撤销的方式终结程序，对于已经申请人民检察院签发逮捕令而逮捕的公民应该予以释放并给予释放证明，同时为保证国家机关内部工作信息畅通应及时通知签发逮捕令的人民检察院。这一规定事实上是对前述第 15 条关于具体执行程序的明确与细化，所依据的不予追究刑事责任的法定情形来源于前述条款。同时，借由上述两项规定，我国侦查机关事实上具有对犯罪行为进行认定及予以出罪的权力。“近年来，我国实体法层面犯罪圈一直呈逐步扩大的趋势。”[①] 在刑事诉讼的早期阶

---

① 白建军：《犯罪圈与刑法修正的结构控制》，《中国法学》2017 年第 5 期。

段赋予侦查机关以出罪认定的权力无疑有缓解作用，同时亦有及时减轻无罪被追诉人诉讼负担的效用。

**2. 审查起诉阶段出罪**

根据我国《刑事诉讼法》相关规定，侦查终结后，侦查机关应将起诉建议书及案卷材料移送至具有管辖权的人民检察院，以供检察院进行审查起诉。人民检察院审查后，如发现案件具有出罪情形，一般会以作出不起诉决定方式使案件程序终结。根据我国《刑事诉讼法》规定，人民检察院作出不起诉决定，因不起诉决定缘由的不同而应采取不同模式。一是在审查起诉的过程中发现被追诉人符合前述《刑事诉讼法》第 16 条规定的数种情形的，被追诉人的行为即使已经构成犯罪，但仍因法定缘由不予追究刑事责任，从而实现实体出罪效果。同时仍应注意，这一阶段，人民检察院亦可对被追诉人的行为是否具有应罚性进行审查，如果属于犯罪情节显著轻微、危害不大，人民检察院亦应作出不起诉决定。这体现了我国《刑事诉讼法》将犯罪的社会危害性作为入罪或出罪标准的特征。二是对于不构成犯罪的案件，人民检察院应作出不起诉决定，不起诉决定事由事实上是从程序与实体两方面对侦查机关侦办案件及人民检察院自行侦查案件的全面审查。

我国《刑事诉讼法》要求侦查机关对于侦查终结的案件必须做到查清犯罪嫌疑人的犯罪事实，并要求对于证据的收集做到确实充分，而人民检察院在进行审查时，亦必须对上述事项进行全面审查，如若发现案件事实不清、证据不足，则可要求侦查机关对案件进行补充侦查，在经过上限为二次的补充侦查后如若仍不符合起诉条件，人民检察院应裁定不予起诉。由此可见，人民检察院在对案件进行审查时，实质上不仅需要对犯罪嫌疑人的犯罪行为进行审查，亦需要对侦查机关的行为进行审查，目的在于确保刑事诉讼程序合法，对于侦查机关的不法行为亦可要求其作出说明，如若不能得到合理解释则可以关键证据缺失为由作出不起诉决定，从而达到实体出罪的效果，这体现了我国《刑事诉讼法》在出罪功能方面独立的程序价值。

### 3. 审判阶段出罪

根据我国《刑事诉讼法》的相关规定，承担一审刑事案件审判工作的人民法院应在合议庭进行评议后根据庭审中查明的案件事实及相关证据对案件进行宣判，其中包含有三项判决结果：其一为犯罪事实清楚且证据充分则判决被告人有罪从而入罪；其二为认为被告人之行为不构成犯罪故而判决其无罪；其三为认为本案事实不清且证据不足，不能认定被告人犯有被指控之罪而判决其无罪。以此观之，我国《刑事诉讼法》在审判阶段亦有关于出罪的相关程序规定，这一阶段亦是与作为实体法之《刑法》联系最为紧密的阶段。审判阶段更值得注意的是上诉不加刑原则所代表的出罪方向，传统刑事诉讼理论认为所谓程序出罪即被追诉人无罪的结果，而这一观点未免过于狭隘，事实上对于实际判处刑罚低于法定刑的案件，其结果亦可以被视为对被追诉人行为之出罪。因此，在这一理论视角下的上诉不加刑原则亦可被视为我国在刑事程序方面对刑法出罪功能的补充与修正。

## （三）刑事诉讼程序行为的出罪效果

《刑法》作为实体法，虽具有评价某种行为是否为犯罪的指导作用，但该指导作用的实现仍然有赖于《刑事诉讼法》。刑事诉讼各阶段，程序的执行或非执行最终导致出罪的实体法效果发生，则可视刑事诉讼程序实现了出罪功能。根据我国《刑事诉讼法》第 12 条之规定，未经人民法院依法判决，对任何人都不得确定有罪。传统刑事诉讼理论仅将依法中的“法”解释为刑法，然而值得注意的是，该“法”亦应包括刑事诉讼法。“刑事审判是综合适用实体法与程序法的过程，程序法对最终裁判结果亦应产生实质影响。”① 由此，对犯罪行为的追诉不仅应符合刑法相关规定，还应遵守相关刑事诉讼法律规范，当上述系列规范被遵守或违反时，最终裁判结果有可能实现出罪的实体效果，此种情形便为刑事诉讼程序出罪

① 孙远：《论程序规则的出罪功能及其限度——以程序违法的实体减轻效果为中心》，《政治与法律》2020 年第 2 期，转引自林钰雄《刑法与刑诉之交错适用》，台北：元照出版有限公司，2008，第 1 页。

效果。

刑事诉讼程序出罪效果存在两种模式：其一为广义的出罪，即最终裁判结果与实体法规范并不完全相同，其实刑于刑法规范而言较轻；其二为狭义的出罪，即经过诉讼程序后，完全宣告被追诉人无罪的情形。第一种出罪模式主要是程序性违法事项的存在，导致以实体判决结果相对较轻为救济手段从而形成的广义出罪。第二种出罪模式事由主要为诉讼机关违反程序法规范，且严重影响司法公正而导致诉讼程序终结，最终宣告被追诉人无罪。第一种出罪模式部分事由已在我国司法实践中有所体现，而第二种出罪模式则多为域外国家立法规定，在我国当前尚无实践。然而，两种模式兼而并用是提高我国刑事司法文明水平并加强程序正义效果的明智选择。

**1. 广义的程序性行为出罪模式**

刑事诉讼过程中，违反程序性法律规则产生的法律效果通常发生于程序规则运行阶段。如非法证据排除规则，一项通过非法渠道或方法收集的证据由于违反程序正义及法律规范要求，被刑事诉讼程序排除合理、合法。如果该项证据是关键性证据，对其进行排除将导致证据链条崩溃，法院将以证据不充分为由宣告无罪，从而实现实体出罪效果，但这一出罪效果并不可被视为由程序性行为所直接引起的。其一，这项出罪结果并不因为程序法的规定而直接产生，仅是公权力机关违法行为在先导致证据不足产生间接效果；其二，一项法律后果的产生应是确定的，而正是由于法律并未明文规定违反程序法的行为在具体诉讼中所应承担的法律后果，即使如非法收集证据此种破坏程序正义的情形出现，也并不当然对实体裁判结果产生影响，故在程序正义受到破坏的情形下并不当然在实体层面对其存在救济措施，最终将使这一出罪效果成为偶然，只要其他证据仍然可以形成证据链，则出罪效果将不发生，被破坏的程序价值亦无法得到修复。因此，类似非法证据排除规则并不能当然视为具有程序性行为的出罪效果。

针对这一问题，有观点提出了更为直接的程序性行为出罪模式，即在一定范围内，将程序违法事项作为实体刑罚的从轻或减轻处置的事由之一，从而对程序违法性行为造成的法益侵害进行救济，以更为直接且现实的方式为程序违法性行为提供诉讼程序的救济措施。但该观点提供的解决问题模式也具备一定风险与局限性，很可能造成实际司法实践中以从轻量刑补偿程序违法这一救济方法的滥用，其结果可能是助长程序违法行为，最终致使程序正义得不到伸张，同时亦损害实体正义。

刑事法律体系的完整性要求刑法在具体案件中的适用与实现必须经由刑事诉讼程序完成，在此基础上，要求刑事诉讼程序必须公正且合法。以非法证据排除规则为代表的程序性制裁在一定程度上可以实现程序的自我维护与净化。“正所谓程序性裁判之功能便在于通过课以相应程序性后果，使得遭到破坏的程序公正得以恢复。”[①] 司法实践中，程序正义与实质正义相冲突的情况并不罕见，本质上是程序违法性行为所产生，多数情况下，舍程序求结果成为我国刑事司法的惯常选择，其结果产生了滋生冤假错案的隐患，而对于具有自我净化效果的非法证据排除规则等程序性制裁措施，基于各种立法和实务客观因素影响而被束之高阁。“由于程序性法律后果‘全有抑或全无’的适用特征，法院在面对非法证据排除等救济申请时，要么拒绝排除证据或排除后仍综合全案证据定罪，使救济毫无实效，要么罔顾被告人的犯罪事实，将其无罪释放。”[②] 由此可见，具体的刑事案件处理过程中，程序正义与实体正义的选择绝不可非此即彼。在面对程序性违法现象并由此引发冲突时，合理的处理方式与思路应该是，在以实体刑罚的从轻或减轻处理进行救济的同时，最大限度地保留伸张实体正义所应判处的刑罚。[③]

**2. 狭义的程序性行为出罪模式**

当出现程序性违法行为时，程序法内部的自我维护和净化的程序性制

---

① 陈瑞华：《程序性制裁制度的法理学分析》，《中国法学》2005 年第 6 期。

② 赵常成：《程序违法何以实体从宽》，《华中科技大学学报》（社会科学版）2021 年第 6 期。

③ 论及是否符合这一思路的审查标准与程序，则应以三个标准进行审查。具体而言，第一，当且仅当违法性程序行为出现且并无其他任何可以在程序方面予以救济的手段时，方可适用减轻实体刑罚的方式进行出罪与补偿；第二，当且仅当程序性方法已经穷尽但仍无法对前述程序违法行为造成的破坏进行恢复时方可适用减轻实体刑罚的方式；第三，应在充分考虑比例原则的基础上适用这一模式，实体刑罚减轻的程度应以所遭受破坏的程序正义为限。

裁作为出罪方式应予以优先考量，而当此类程序性制裁缺失时，以减轻实体刑罚的方式进行广义出罪对被追诉人进行救济与补偿应成为有效考量。如若出现更为严重的程序性违法行为，例如侦查机关伪造证据乃至构陷公民，对于此类案件中的被追诉人而言，判处任何刑罚均是对刑事追诉的滥用。面对此类案件，又应以何种模式对被追诉人予以出罪从而维护法律权威与正义成为一个重要的问题，答案自然不言而喻，即唯有终止诉讼程序，当即宣告被追诉人无罪。

在我国当前刑事诉讼体系中，实际上并不存在裁定程序终止的法定事由及相关的程序规范，但在部分域外国家，这已经成为公正审判不再可能实现时予以出罪的法定选择。在英美法系国家，因发生严重程序违法行为裁定对刑事诉讼程序终止，被视为法院作为司法机关的重要权力之一。在上述国家的刑事诉讼法律体系中，如美国禁止以实体从宽的方式对程序违法行为进行补偿。“故而由于程序违法与所获补偿并不相称，程序终结往往成为超出被告人预料的‘意外收获’。”[①] 而大陆法系国家最初并无这一程序的存在，但在第二次世界大战之后，两大法系对彼此的影响不断加深，其亦在刑事诉讼体系中加入了裁定终止程序的法律规范。不同于英美法系国家中，法院有直接裁量权可以随时终止刑事诉讼程序的运行，大陆法系国家通常将会对程序正义造成根本性破坏的程序违法行为纳入其诉讼要件的范围，并在诉讼中对是否存在此类行为进行审查，如若存在则将以诉讼要件灭失为由裁定诉讼程序终结。近年来的司法改革中，诸多大陆法系国家已经将严重程序违法行为作为诉讼要件纳入其刑事诉讼法律体系中，例如日本刑事诉讼法规定，当刑事案件存在如诱导性侦查、非法对被追诉人予以拘留等情形，其诉讼要件归于消灭，法院应裁定终结具有上述情形的案件的刑事诉讼程序。诉讼要件学说及司法适用的引入对于我国构建更为完善的刑事诉讼体系、充分尊重程序正义及人权价值具有相当的启示意义。

① 赵常成：《程序违法何以实体从宽》，《华中科技大学学报》（社会科学版）2021 年第 6 期。

## 四　刑事诉讼相对独立的阶段性出罪处遇机制

《刑法》第3条的规定一般被认为是我国对于罪刑法定原则的明确接纳与阐释，然而，罪刑法定原则的本意是杜绝罪刑擅断从而保障被追诉人合法权利。就其本意与精神而言，其是通过对实体法入罪的限制及程序法出罪的自由裁量实现实体正义与程序正义。以此视角考量，我国刑法出罪功能本身存在不足与缺陷，需要刑事诉讼程序予以补充与修正，但这一观点并非认可刑事诉讼程序仅为实体法实现或补充其功能的工具，相反，刑事诉讼程序以其法律规定为基础对案件采取独立的出罪处遇方法与机制。“事实上，刑事诉讼法和相关司法解释的规定早就对诸多犯罪进行了‘非犯罪化’的大胆处分。”[①] 以下就刑事诉讼中关于出罪问题具有代表性的数项规定进行讨论。

### （一）刑事诉讼不予追究刑事责任制度出罪机制

《刑事诉讼法》及相关的司法解释已经在实质上突破了《刑法》第3条有关犯罪与否的认定，转而以独立的方式对犯罪行为认定及应否追究刑事责任进行规定。换言之，《刑事诉讼法》对于出罪问题具有独立的法律规定。我国《刑事诉讼法》第16条规定了6种不予追究刑事责任的情形，其中有两项并不属于刑法规制的法定出罪情形，而是由刑事诉讼过程中的各阶段国家机关依据《刑事诉讼法》进行独立判定。

一是第3项规定，经特赦令免除刑罚的不追究其刑事责任，即经过特赦令免除刑罚的犯罪嫌疑人可以被宣告无罪。而这一规定与刑法关于罪责必究的要求与原则并不相符。由于特赦的含义是赦免被追诉人的惩罚而非赦免其罪过，不等同于大赦赦其刑亦赦其罪，故根据《刑法》的相关规定，仍应对其进行定罪处理。然而，《刑事诉讼法》第16条所言明的是这一情形将不予追究刑事责任，追究刑事责任的方式无外乎两种，即定罪处

① 杨明：《程序法“出罪”功能研究》，《中国刑事法杂志》2010年第1期。

刑或定罪免刑，无论是否对被追诉人施以刑罚进行惩戒，其本质都需要对其犯罪行为进行认定与判决。因此，《刑事诉讼法》的规定突破了刑法对特赦的限制，从而独立地将经过特赦的被追诉人予以出罪。

二是第5项规定，被追诉人死亡的应该不再追究其刑事责任。现行《刑法》对于是否应该追究死亡犯罪嫌疑人的刑事责任并无明确规定。就刑法预防犯罪任务而言，刑法对于犯罪的预防功能包括特殊预防与一般预防两项，而对于已经死亡的被追诉人而言，特殊预防已经失去其实现的可能性，如若对其进行定罪处罚似乎亦能实现刑法对社会潜在不法分子形成震慑的一般预防功能。就此观点而言，刑法对于追究已死亡犯罪嫌疑人的刑事责任存在其合理性。然而，囿于我国地域宽广、人口众多的现状，我国刑事司法资源处于持续紧张的状态，此时若要求刑事诉讼程序对已经死亡的被追诉人在其无法提供侦讯笔录、被告人最后陈述乃至辩护律师辩护意见的情形下，形式化地对其进行定罪量刑并不具有实际意义，亦不符合程序正义的基本要求。同时，此种机械化、形式化的追诉过程将造成我国刑事司法资源的严重浪费，既不具有实体价值更不具有程序价值。故我国刑事诉讼法拒绝对已经死亡的犯罪嫌疑人、被告人予以入罪，以不追究刑事责任的方式进行出罪处置具有现实意义与程序价值。

### （二）刑事和解制度出罪机制

我国《刑事诉讼法》第288条至第290条规定的刑事和解制度，亦是《刑事诉讼法》在出罪问题法律制度方面的独立创设。“刑事和解是指刑事案件中的加害人与被害人之间或通过第三方主持，双方达成谅解，以赔礼道歉、经济赔偿等方式，平等地全部或部分解决已然犯罪的程序及实体方法。”[①] 根据我国《刑事诉讼法》的规定，被追诉人如因民间纠纷触犯《刑法》分则第4、5章可判处三年以下有期徒刑的犯罪，或除渎职犯罪以外可能判处七年以下有期徒刑的过失犯罪，在刑事诉讼各阶段均可通过向被害人真诚悔罪并积极赔偿被害人损失获得被害人谅解、与被害人达成和

---

① 李卫红：《刑事和解的实体性与程序性》，《政法论坛》2017年第2期。

解。对于达成和解的案件，侦查机关、检察机关及审判机关均应在对和解的合法性、真实性、自愿性进行审查后制作和解协议书。

刑事和解制度的建立具有其合理性与正当性。在我国，刑事诉讼不仅具有惩罚犯罪与预防犯罪的目的，亦有恢复因犯罪行为被破坏的社会关系及通过对被追诉人的惩罚弥补被害人的损失的目的。和解程序的存在给予被追诉人与被害人直接接触并达成谅解的平台与契机，有利于化解二者间的矛盾，有助于被害人获得及时赔偿。和解的达成亦可使被破坏的社会关系得以修复，因此，通过刑事和解程序对被追诉人予以出罪，在恢复因不法行为对被害人之法益造成的损害的同时，彰显刑事诉讼法作为程序法独有的调解价值。不同于以国家为主导的刑事诉讼模式，该制度运行中由双方当事人参与协商与谅解，强调刑事案件双方当事人的参与性及主动性，推动出罪的实现。因此，该制度从程序与实体两方面拓展了出罪思路，突破了刑法有罪必罚、违法必究原则，以其独特的程序功能保障了刑事诉讼中所有诉讼参与人对自身权益应有的处分权。

### （三）认罪认罚从宽制度出罪机制

认罪认罚从宽制度作为我国“坦白从宽，抗拒从严”刑事司法特色的法制延续，一般被认为是我国辩诉交易制度的典型体现。辩诉交易制度最早出现于英美法系国家。根据美国法学界的考究，辩诉交易制度最早于1804年出现在美国刑事司法过程中，在多起案件中，检察官与被告人就罪名种类、罪责数量、罪刑轻重乃至刑期长短进行交易与协商，直至部分案件中，在实际庭审时检察官所指控的某项罪名已经从起诉状上消失。然而，此项制度虽然早已存在于美国诸多州域，但辩诉交易的合法性直至第二次世界大战之后的1970年方才由美国联邦最高法院裁定认可。在英国，通过刑事辩诉交易与和解最终使被追诉人不受追诉实现出罪效果的司法实践古已有之，然而时至今日，英国在已经拥有超过170个法律调解机构的情况下，法律仍未认可辩诉交易存在的合法性。辩诉交易的存在给予被追诉人完全基于刑事诉讼程序出罪的可能性（此处的出罪多指广义的出罪结果），出罪的合理性完全基于其对诉讼程序的配合程度，若完全配合检察官所提议的诉讼程序则可获得实体罪责层面的减轻。“从本质来看，认罪认罚案件办理的过程就是一种认罪协商的过程，可以称之为协商式刑事司法或者合作式刑事司法。”[①] 从这一角度而言，我国认罪认罚从宽制度本质上与其并无二致，均是基于犯罪嫌疑人、被告人对案件诉讼程序的配合以缩短诉讼时间，节约司法资源从而获得的“奖励”性质的出罪效果。

## 五　刑法出罪与刑事诉讼阶段性出罪统协思路

积极刑法观认为应当以法益保护为前提，通过增设新罪来满足保护法益的需求。[②] 在积极刑法观念影响下，《刑法修正案（九）》以来的刑法修正案正逐渐扩张入罪范围，并以轻罪化形式处理新产生的社会矛盾。刑法及刑事诉讼法均对出罪事由及机制作出相应规定，然而，不同于《刑法》“但书”实体性出罪规定，程序法领域通过以认罪认罚从宽制度为代表的轻刑化方式、以刑事和解制度为代表的息诉化方式实现刑事诉讼阶段性出罪功能，也是功能主义刑法观对刑事司法参与社会治理的本质要求。

### （一）刑事一体化背景下刑法出罪与刑事诉讼阶段性出罪

《刑法修正案（九）》以来的刑法修正案将大量违法情形纳入犯罪范畴加以规制，但对于《刑法》规定的“但书”出罪司法适用几无变化，甚至部分之前若以“但书”条款可能不认为是犯罪的行为如今亦在刑法修正案中明确调整。以危险驾驶罪中的醉驾入罪事由为例，根据 2021 年 3 月 8 日，时任最高人民法院院长周强于十三届全国人大第四次会议所作《最高人民法院工作报告》相关表述，以醉驾为主要犯罪情节的危险驾驶罪的结案数量达 28.9 万件，“占刑事案件总数的比例高达 25.9%，危险驾驶罪成为名副其实的第一大罪，比盗窃罪高出 1.71 倍”。[③] 而因为刑法轻

---

① 胡铭：《认罪认罚案件中的量刑协商和量刑建议》，《当代法学》2022 年第 2 期。

② 张明楷：《增设新罪的观念——对积极刑法观的支持》，《现代法学》2020 年第 5 期。

③ 梁根林：《刑事政策与刑法教义学交互审视下的危险驾驶罪》，《中国法律评论》2022 年第 4 期。

罪化改革的影响，许多系偶犯、初犯且未造成严重后果的醉驾行为得以入罪，这对于被追诉人个人而言近乎是毁灭性打击。由于醉驾案件中很多犯罪嫌疑人在职业生涯中尚处于上升期，被追究刑事责任锒铛入狱之后不仅要面对犯罪行为带来的惩罚，更面临一系列的附随后果。根据我国多部规范特殊职业的法律法规，一切受过刑事处罚的公民均不得从事上述职业或担任特殊职务。如《公职人员政务处分法》第 14 条规定，因故意犯罪被判处管制、拘役或者有期徒刑以上刑罚（含宣告缓刑）的公职人员应予以开除，因此，醉驾人员如为公职单位公务人员在入罪后将被开除公职及党籍。再如，《律师法》第 49 条规定，律师因故意犯罪受到刑事处罚的，由省、自治区、直辖市人民政府司法行政部门吊销其律师执业证书。《教师法》第 14 条规定，受到剥夺政治权利或者故意犯罪受到有期徒刑以上刑事处罚的，不能取得教师资格；已经取得教师资格的，丧失教师资格。《公证法》第 20 条规定，故意犯罪或职务过失犯罪受过刑事处罚的人，不得担任公证员。因此，律师、教师等行业执业、从业者如因醉驾入罪则将被吊销资格证书并不得再次获取，公证员等特殊职业则完全不可从业。囿于需要接受刑事处罚而不能正常工作，根据《劳动法》第 25 条，因受刑事责任追究，用人单位可以解除与该劳动者的劳动合同，因此，普通职员如因醉驾入罪将被用人单位解除劳动合同。不仅如此，其将无法通过国家公职人员及军队入伍的政治审查，而其子女、近亲属也将在加入中国共产党、报考军校、报考部分特殊国家公职职位等一系列活动中难以通过政治审查，例如《公安机关录用人民警察政治考察工作办法》第 9 条对拟录用考察对象的家庭成员作出规定，其中“其他可能影响考察对象录用后依法公正履职的情形”规定模糊，实践中存在因直系亲属犯罪而无法通过录用考察的情形。

“对此，有学者进一步指出，‘醉驾刑’所衍生出的某些规则、规定或有影无形的‘软制裁’，其给‘醉驾’人带来的软、硬制裁之重、之狠，有时达到了直接危害宪法上基本权利的地步。”[①] 醉驾入刑确实有助

① 解志勇、雷雨薇：《基于“醉驾刑”的“行政罚”之正当性反思与重构》，《比较法研究》2020 年第 6 期。

于减少交通意外的发生及国民综合素质的提高，然而其弊端亦显而易见，其为被追诉人带来的附随后果几乎完全超乎罪行所应受到的惩处。同时，无论案情如何简单，乃至采用速裁程序或简易程序，仍然要耗费司法资源对案件进行入罪处理，案件数量高企使得追诉成本耗费过大，有悖于刑法本身所应遵循的谦抑性要求。

### （二）刑事诉讼阶段性出罪的能动维度

对于刑法轻罪化改革与犯罪圈扩张，刑事诉讼法亦从程序和制度层面作出对应改革，但出罪机制本身并未对此作出直接规范。理论界亦有观点认为应该注重在程序法方面通过建立一系列配套制度，包括但不限于刑事诉讼。如修正轻罪犯罪嫌疑人的羁押期限及上浮羁押条件以控制轻罪案件的在押率；设立犯罪前科消灭制度以更好地帮助触犯轻罪的被追诉人回归社会；完善程序分流机制以更快捷地对轻罪案件适用速裁程序及简易程序，以此高效处理轻罪刑事案件等。已有观点及建议有其合理之处，然而改革需要相对成熟的制度建设，因此，上述建议对于近年来仍处于发展期的刑法轻罪化改革而言恐难发挥实质效用。刑事诉讼法应坚持现有革新方向，即通过完善认罪认罚从宽机制、刑事和解机制及各阶段出罪模式，将实体法轻罪化改革带来的入罪压力降至最低。对大量普通违法行为进行轻罪化改革不仅可能使被追诉人受到刑罚处罚，更可能使其失去工作、信誉等，受到刑事司法的消极评价，此外，这些对被追诉人及其家庭造成的冲击终将反弹于社会，成为不稳定因素。因此，在刑事一体化理念的指导下，引导刑法出罪与刑事诉讼阶段性出罪机制相适应尤为必要。

首先，以程序为指引激活部分实体法出罪条款。我国在无罪案件判决中，以“但书”条款为依据的出罪方式成为刑法的主要出罪模式。而以正当防卫、紧急避险等其他法定事由为出罪依据的案件不多见，因此，如何通过刑事诉讼阶段性出罪激活实体法法定出罪事由条款便成为这一问题的核心。2018 年发生于江苏省昆山市的“昆山龙哥案”便是这一方式的典型体现。其结果是案件发生后，面对互联网及舆论界的重磅发声与讨论，当地人民检察院主动承担起诉讼职责，在案件侦查阶段指导当地公安机关对“正当防卫”进行认定与判断，最终案件结果为于海明构成正当防卫，公安机关作出撤销案件处理。[①] 人民检察院进行案件审查时，“必须坚持客观中立的立场，全面考虑影响犯罪构成的各要素”。[②] 这一处理结果在程序上体现了后一阶段诉讼机关在对前一阶段诉讼机关进行监督的同时，也对正当防卫的认定发挥示范的作用。

其次，完善程序出罪体系强化刑事诉讼阶段性出罪效果。由于《刑法修正案（九）》以后新增多项轻罪，程序法的出罪机制不能跟随实体法每一次的变化而具体变更，因此，考虑如何完善当前的刑事诉讼阶段性出罪体系，为更多的轻罪案件提供法定出罪渠道应是值得关注的问题。多数轻罪案件的刑罚本身并不具有过度的严厉性，而其伴随的附随性法律后果方为多数轻罪案件对于社会的冲击之所在。构建程序法出罪机制，应适当采纳“被遗忘权”理论及制度设计，针对上述以拘役或管制为主刑的轻罪案件案底进行封存，从而减轻轻罪案件刑罚附随性法律后果对被追诉人及社会整体的冲击。

### （三）刑事诉讼阶段性出罪的实体法应对

刑法需要平衡入罪与出罪理论构成及认定体系，相较德日刑法对犯罪构成及出罪事由一视同仁的重视，我国刑法不仅在出罪事由方面规定较少，执行效果亦不尽如人意。因此，这一情况要求必须加强刑法中多元化出罪事由体系的建立完善。所谓多元化出罪事由体系有两方面含义，其一是出罪事由渊源应该展现多元化特征，不仅应该包括刑法所规定的诸如“但书”条款、正当防卫等法定事由，还应该包含由最高人民法院或最高人民检察院发布的指导案例产生的具有法律约束力的判例积累。“司法实践是发展出罪事由的主战场，无论是具有判例法传统的英美刑法，还是具有成熟的案例研究制度的德日刑法，其丰赡充盈的出罪事由或抗辩事由，

---

① 《为什么认定于海明的行为属于正当防卫？——关于昆山“8·27”案件的分析意见》，最高人民检察院网站，2018 年 9 月 1 日，https://www.spp.gov.cn/spp/zdgz/201809/t20180901_390617.shtml。

② 胡立平：《“醉驾”的入罪与出罪》，《法律科学（西北政法大学学报）》2021 年第 6 期。

都离不开司法机关的提炼与积累。”① 其二是层次性质的多元化，不仅应包括《刑法》总则中有关出罪的相关规定，还应包括《刑法》分则中针对特殊犯罪的具体出罪事由。以未成年人与幼女偶尔发生性关系为例，对于特殊的情形应有特殊的出罪规定，以此解决当前刑法出罪机制单一问题。同时，刑法出罪机制改革也应注意违法却阻事由对出罪机制的影响。“所谓依法令的行为，是指行为人依据法律的明确规定或执行具体指令、命令从事特定活动时，即便该行为符合构成要件，行为的违法性也不存在。”② 仍以醉驾案件为例，醉驾当然构成以危险驾驶罪，然而在审查过程中仍应注意行为人酒后驾车的客观原因，比如该行为是依照本单位或职业的特殊法令作出的，故此种情形应属于违法却阻性事由而不能认定构成犯罪。

## 六　结语

《刑法修正案（九）》之后的一系列刑法修正案扩张了轻罪范围，限制被告人、犯罪嫌疑人之权利有助于刑事不法行为所侵害的被害人权益的恢复及社会关系的稳定。在法定情形下，设定被追诉人稳定且可期待的刑事诉讼阶段性出罪路径，虽然对被害人合法权益及社会利益适度限缩，但是有助于为整体社会公民提供更大的安全感以及对司法公权力更高的信任度。因此，出罪制度在刑法与刑事诉讼法交互层面的建立与完善对于提高我国刑事司法文明水平、提高我国司法公信力具有重要作用。“刑事实体法和刑事程序法在遵循相同的立法精神的前提下，应当在各自领域权衡法律利益的大小并进行取舍增强法律体系的内在协调性，保证刑事法律成为人类谋求福祉的手段。”③ 刑事诉讼具有其独立的程序价值与品格，因此，刑事诉讼阶段性出罪制度建设不能仅将刑事诉讼法作为实现刑法目的的工具与器械，而应在刑事一体化理念引领下，使得刑法与刑事诉讼法在立法理念上趋于一致，解决立法构造中的内在协调性问题，更不可重实体而轻

① 杜治晗：《但书规定的司法功能考察及重述》，《法学家》2021 年第 3 期。

② 周光权：《论刑事一体化视角的危险驾驶罪》，《政治与法律》2022 年第 1 期。

③ 杨明：《程序法“出罪”功能研究》，《中国刑事法杂志》2010 年第 1 期。

程序，创建良性交互的刑事司法出罪体系是我国刑事司法改革的应有之义。

# The Interaction and Mechanism Between the Phased Crime of Criminal Procedure and Criminal Law

Bai Rongjing, Zhai Yuyang

**Abstract**: The mechanism of crime is important for the modernization of China's criminal justice civilization and the improvement of the criminal legal system, and it plays an important role in social governance. The construction of a systematic and complete criminal mechanism requires a benign interaction between the criminal law and the criminal procedure law. In recent years, the amendments to the Criminal Law Amendment (IX) have brought many administrative offenses into the scope of criminal regulation, and the judicial authorities have had to face the reality of the proliferation of misdemeanor cases. In order to complement the amendments to the Criminal Law, the Criminal Procedure Law has also been revised in a timely manner, with the creation of the system of leniency of plea bargaining and the accelerated criminal adjudication process, and the expansion of the scope of application of summary procedures in order to achieve a balance between fairness and efficiency. The criminal law incrimination has led to the expansion of the criminal circle, which has led to a number of social problems caused by the identity of the offender, so how to further correctly understand and apply the provisions of the "proviso" of the criminal law, and exempt from criminal treatment at all stages of the criminal proceedings those who meet the legal circumstances that can be applied to the case of incrimination have become the key issues that should be examined in the future after the Criminal Law Amendment (IX) Law. It will become a key issue to be studied after the Amendment (IX) to the Criminal Law. Therefore, it is of great significance to realize the interaction between the stages of criminal prosecution and the criminal law in order to improve the logical self-consistency of the criminal legal system and the convergence of the systems.

**Keywords**: Criminal Proceedings; Phased Non-crime; Criminal Law

# 总体国家安全观视域下核恐怖犯罪的刑法治理路径

方　正　严　励*

**摘要：** 随着世界核技术的不断发展，以核风险为表征的核恐怖犯罪逐渐演变为当前国际社会面临的严重威胁之一。我国作为《制止核恐怖主义行为国际公约》的缔约国之一，应当在清晰界定和把握核恐怖犯罪概念与特征的基础上，重视对核恐怖犯罪的预防与打击。但是我国刑法对核恐怖犯罪的刑事立法尚付阙如，既未能充分回应总体国家安全观的需求，也未能与国际公约同步协调。因此我国有必要在借鉴域外反恐有益立法经验的基础上，遵循“分离—增设”模式，将刑法中涉及核恐怖犯罪的罪名分离出来，与《制止核恐怖主义行为国际公约》、“打击核恐怖主义全球倡议”中的要求相协调，并将文件中规定的数种行为以增设罪名的方式纳入我国刑法中来，同时将罪名的成罪标准前移，设置抽象危险犯，以更好地防范核恐怖犯罪的潜在威胁，最终整合出一套契合我国国情的核恐怖犯罪罪名体系，以遏制核恐怖犯罪抬头，更好地保障我国核领域的发展，回应总体国家安全观的要求。

**关键词：** 核恐怖犯罪　总体国家安全观　必要性检视　抽象危险犯　罪名体系

## 引　言

核能是当今世界最高效的清洁能源，随着世界经济的高速发展，能源

---

* 方正，上海政法学院刑法学硕士研究生，城市犯罪治理研究中心助理研究员，研究方向为刑法学；严励，上海政法学院终身教授，博士生导师，研究方向为刑事政策学、刑法学、犯罪学。

供应的日益紧缺，各国争相开发核能。据国际原子能机构（IAEA）统计，截至 2021 年，全世界共有 438 座正在运行的核电站，总发电量为 353 千兆瓦，占全世界发电总量的 16%。可见，核能在世界能源领域占有相当重要的地位。但是，核能是一把“双刃剑”，在其“高收益”中往往伴随着“高风险”。自从 19 世纪末人类发现核能，并于 20 世纪 50 年代在苏联建成世界上第一座核电站——奥布灵斯克核电站以来，核安全事故频繁发生，例如 1979 年美国三里岛核电站泄漏事故、1986 年苏联切尔诺贝利核电站泄漏事故，以及 2011 年发生的日本福岛核电站泄漏事故等，无不给人类社会带来巨大的破坏。正如德国社会学家乌尔里希·贝克（Ulrich Beck）在其论著《风险社会》中提及的，人类社会当下已经进入了“风险社会”阶段，并且人类正生活在“文明的火山之上”。① 核安全所带来的风险，正是风险社会中首要的风险之一。近年来，世界上有许多国家正遭受恐怖组织以及恐怖主义犯罪的威胁，由于核武器的威力巨大，加之核材料也具有相当的放射性、污染性，恐怖组织与恐怖分子开始将目光转移到核电站、核材料之上，核恐怖犯罪隐约有冒头的趋势。目前，我们国家也在大力开发核能、兴建核电站，因此我国同样面临着发生核恐怖犯罪的风险。同时，核安全也是我国总体国家安全观首次提出时所包含的 11 种安全之一，② 足以见得我国对于核安全的重视。但是，我国现行《刑法》对核恐怖犯罪的规制较为薄弱，并且存在立法缺位的问题。③ 基于此，本文立足于总体国家安全观，在分析我国对于核恐怖犯罪刑事治理现状的基础之上，参考国际社会应对核恐怖犯罪的有益经验与已签订的国际公约，尝试编织契合我国刑法体系的核恐怖犯罪刑法规制之法网，以期能够更好地治理与预防核恐怖犯罪。

① 〔德〕乌尔里希·贝克：《风险社会》，何博闻译，译林出版社，2004，第 13 页。

② 《习近平：坚持总体国家安全观 走中国特色国家安全道路》，共产党员网，2014 年 4 月 15 日，https://news.12371.cn/2014/04/15/ARTI1397554451313399.shtml? from=groupmessage。

③ 彭德才：《风险社会核犯罪刑事立法分析》，《中国公共安全》（学术版）2015 年第 2 期。

## 一 核恐怖犯罪的整体观

### （一）核恐怖犯罪的界定及特征

#### 1. 核恐怖犯罪的界定

“核恐怖犯罪”是“恐怖主义犯罪”这一类型概念（上位概念）下的分类概念（下位概念），即“恐怖主义犯罪”是“属”，“核恐怖犯罪”是“种”。要正确界定“核恐怖犯罪”，根据“属加种差”的逻辑方法，[①]首先应当对“恐怖主义犯罪”的含义进行阐释。关于“恐怖主义犯罪”的含义，全世界的专家学者都未达成共识，甚至在国际上享誉盛名的学者也曾坦言：“要定义恐怖主义犯罪，是一个简单却又不可能的任务。”[②] 我国为防范与打击、惩治恐怖主义犯罪，维护国家安全、社会秩序，以及公民的人身财产安全，于2015年颁布了《中华人民共和国反恐怖主义法》（以下简称《反恐怖主义法》）。根据该法第3条，“恐怖主义”的定义为“通过暴力、破坏、恐吓等手段，制造社会恐慌、危害公共安全、侵犯人身财产，或者胁迫国家机关、国际组织，以实现其政治、意识形态等目的的主张和行为”。基于该部法律对“恐怖主义”的定义，我们也能够直接得出“恐怖主义犯罪”的定义，因为在国际刑法学和犯罪学中，恐怖犯罪在实质意义上与恐怖主义、恐怖主义犯罪是等同的。[③] 同理，“核恐怖犯罪”的定义与“核恐怖主义”“核恐怖主义犯罪”也是等同的。

2005年联合国大会颁布了《制止核恐怖主义行为国际公约》（以下简称《公约》），我国是《公约》的第一批缔约国之一。《公约》第2条的前两款对“核恐怖犯罪”进行了归纳定义：“1. 本公约所称的犯罪是指任何人非法和故意：（a）拥有放射性材料或制造或拥有一个装置：（一）目的是致人死亡或人体受到严重伤害；或（二）目的是致使财产和环境受到

① 参见马克昌主编《刑罚通论》，武汉大学出版社，1999，第6页。

② 参见秦冠英《非传统安全视域下的恐怖主义犯罪研究》，法律出版社，2018，第37~39页。

③ 唐燕文：《我国航空恐怖主义犯罪研究》，硕士学位论文，华东政法学院，2006，第3页。

重大损害；（b）以任何方式利用放射性材料或装置，或以致使放射性材料外泄或有外泄危险的方式利用或破坏核设施：（一）目的是致使死亡或人体受到严重伤害；或（二）目的是致使财产或环境受到重大损害；或（三）目的是迫使某一自然人或法人、某一国际组织或某一国家实施或不实施某一行为。2. 任何人实施以下行为也构成犯罪：（a）在显示威胁确实可信的情况下，威胁实施本条第一款第（b）项所述犯罪；或（b）在显示威胁确实可信的情况下通过威胁，或使用武力，非法和故意索要放射性材料、装置或核设施。”且任何人实施第 1 款行为未达既遂也构成犯罪，以共犯身份参与同样需要进行处罚。《公约》对核恐怖犯罪进行了概括性、归纳性的界定。但是在我国学界，不同的学者对于核恐怖犯罪的界定也不同。有论者在其文章中对核恐怖犯罪如此界定：核恐怖犯罪是指以核设施为恐怖袭击目标，或者以核材料、核技术、核产品为工具，为实现其一定政治目的而故意制造核恐怖的犯罪行为。[①] 还有论者在其文章中定义核恐怖犯罪为通过制造、所有、使用或威胁使用放射性材料或设备，或以导致放射性材料外泄或外泄危险的方式来破坏、利用核设施，意图导致生命、公私财物、自然环境遭受严重破坏，来达到恐怖主义政治目的之行为。[②] 诸多学者对于核恐怖犯罪的界定都有自己的主张，即便《公约》对核恐怖犯罪行为作了概括性的界定，但因为各种原因，各国的国情不一、政治环境不一，至今在国际社会上对核恐怖犯罪的界定仍未达成一致，更遑论我国了。

“核恐怖犯罪”作为“恐怖主义犯罪”下属子概念之一，应当在定义上兼顾恐怖主义犯罪的一般特性，同时也要具备其自身的独特性、可识别性，用以区别于恐怖主义犯罪下属的其他类型的恐怖主义犯罪。此外，还需在《公约》精神的指导下，博采诸观点之长，结合我国现实国情与打击核恐怖犯罪活动的实践，来对核恐怖犯罪进行界定。[③] 综上，本文认为，

---

① 曾向红：《恐怖主义的整合性治理——基于社会运动理论的视角》，《世界经济与政治》2017 年第 1 期。

② 王青：《核恐怖主义犯罪防范研究》，博士学位论文，吉林大学，2011，第 14 页。

③ 井晓龙：《非国家行为体核恐怖主义犯罪防范理论研究——以〈制止核恐怖主义行为国际公约〉为视角》，《法学杂志》2018 年第 4 期。

应当将核恐怖犯罪界定为“通过制造、所有、使用或威胁使用核材料或核装置，或者用致使核材料泄漏或有泄漏风险的方式来危害人身安全、财产安全、公共安全，以达到恐怖主义政治意图的行为”。

**2. 核恐怖犯罪的特征**

“核恐怖犯罪”虽然属于“恐怖主义犯罪”的子概念，但是它不仅具有恐怖主义犯罪的一般特点，还有其独有的特点。[①] 也正是因为核恐怖犯罪的这些特点，我国才更应当对其进行规制。具体来说，核恐怖犯罪包括以下四个特征。

首先，核恐怖犯罪的发生具有突发性。在科技不断发展的当下，由高清监控摄像头组成的“天眼”系统趋于完善，尤其是在设有核设施、存有核材料的地方，各个国家与地区更是进行严密布控，随时保持警戒。但是即便如此，仍然无法很快地对所发现的恐怖袭击作出响应，而且一些进行了周密计划的恐怖主义袭击是很难预见的。在通常情况下，核电站等核设施地处偏远郊区，缺乏足量的安保力量，这就导致核电站极容易成为恐怖分子袭击的目标，也成了预防核恐怖犯罪过程中的薄弱环节。加之核恐怖袭击具有突发性，核设施往往在短时间内遭到破坏，进而造成核泄漏、核污染等严重后果。

其次，核恐怖犯罪的手段有多样性。根据《公约》相关条文规定，核恐怖犯罪的手段有以下几种：第一，利用“脏弹”，即含有放射性物质的炸弹，进行袭击；第二，袭击核设施，导致核泄漏等严重后果；第三，核武器袭击，在科技高速发展的现在，恐怖组织往往会对一些高级知识分子进行洗脑、威胁、诱骗，迫使其自愿或非自愿地加入恐怖组织，其中不乏精通生物化学、掌握核知识的专家，所以恐怖分子通过获取核原料，即一定数量的浓缩铀或钚，自制微型核武器的可能性是完全存在的。[②]

再次，核恐怖犯罪的后果具有严重性。一旦发生核恐怖犯罪，其造成

① 罗成翼、谭甜甜：《基于全球治理的核恐怖主义防治》，《南华大学学报》（社会科学版）2016 年第 2 期。

② 王昶、徐正源：《试析核安全峰会进程对完善全球打击核恐怖主义机制的作用》，《和平与发展》2016 年第 2 期。

的后果具有相当的严重性。当今世界，有“核”乃大，国际社会最具影响力的国家，无一不拥有相当的核技术，其中最具代表性的就是核武器。核武器在著名科学家爱因斯坦提出的相对论背景下诞生，在第二次世界大战期间，美国在日本的广岛和长崎投下了两颗原子弹，学名分别是“枪式”铀弹和“内爆式”钚弹。在这两颗核武器爆炸当时至事后的五年内，两座城市将近 50 万人丧生。① 足见核武器所造成的后果之严重。而核恐怖犯罪的犯罪手段包括对核设施进行袭击，以及自制核武器，一旦核恐怖犯罪发生，即便所造成的伤害规模不及核武器的十之一二，后果也是十分严重的。

最后，核恐怖犯罪造成的影响还具有深远性，以及波及范围广泛、补救难度大的特点。乌尔里希·贝克曾言，人类成功发明创造了核能，但同时也播种了对其风险的怀疑的种子。② 在当下，对于新兴科技的宣传普及教育尚不全面，许多民众谈“核”色变。核辐射无色无味，我们无法感知到其存在，尤其是在历史上发生过数次以美国三里岛核电站泄漏为代表的严重核泄漏事件，③ 加之美国对日本投放的原子弹所造成的危害，在民众心中留下了巨大的心理阴影。因此核能发展至今，甚至连核电站等核设施所在的城市，人口都存在向外迁移的现象，在城市建设核设施的计划也遭到当地民众的抵制。核恐怖犯罪一旦发生，其波及范围将不可控，福岛核电站泄漏事件中，其辐射的尘埃甚至横跨太平洋，到达了加拿大。④ 此外，核恐怖犯罪发生之后，补救也是十分困难的，由于核材料等放射性物质会污染土壤、水流，并且这类物质的半衰期往往长达数千年，很难人为进行净化处理，所以被核污染之地往往都会变成无人区，切尔诺贝利核电站周围地区的现状就是适例。

---

① 参见〔美〕格兰姆·艾里森《核恐怖——最终能避免的灾难》，吴晓辉、钱程译，东方出版社，2008，第 34~35 页。

② 参见〔德〕乌尔里希·贝克《世界风险社会》，吴英姿、孙淑敏译，南京大学出版社，2004，第 78 页。

③ 王殿宸：《美国三里岛的核风波》，《世界知识》1979 年第 10 期。

④ 沈培钧：《日本核污染危机启示录》，《综合运输》2011 年第 4 期。

## （二）我国核恐怖犯罪的立法现状

### 1. 刑法中核恐怖犯罪存在立法缺位

在我国现行《刑法》中，直接含有“核”这一字眼的核犯罪条文仅有第151条走私核材料罪，除此之外再无别的条文直接与“核”相关，核恐怖犯罪亦存在立法缺位的问题。此外，在我国刑法的历次修正案中，也仅有《刑法修正案（三）》与《刑法修正案（九）》对有关核恐怖犯罪的相关罪名作了相关的调整。其中《刑法修正案（三）》将刑法中原非法买卖、运输和材料罪修改为非法买卖、运输、制造危险物质罪，将核材料纳入了危险物质的范畴中，并且增设了《刑法》第120条资助恐怖活动罪等三条有关惩治恐怖犯罪活动的罪名。《刑法修正案（九）》则增设了准备实施恐怖活动罪。虽然其中并没有直接规定核恐怖犯罪，但是核恐怖犯罪属于恐怖主义犯罪的一个子类型，当然地被这些罪名所包含。[①] 但是如此一来，不仅造成了在我国刑法中涉核犯罪之罪名体系紊乱的局面，也引起了涉核犯罪被其他罪名包含所导致的重点不明、打击力度不够的弊病，自然也无法有效地遏制核恐怖犯罪。核恐怖犯罪在恐怖主义犯罪中属于最为严重的类型之一，却与一般恐怖主义犯罪共用一套法定刑，这无疑会使得量刑畸轻，从而轻纵犯罪分子。究其根源，仍然是我国刑法中核恐怖犯罪的立法缺位所造成的，这同时也是其他类型的恐怖主义犯罪的通病。在人类社会进入风险社会阶段以来，核恐怖犯罪的发生概率大大提高，而我国是社会主义法治国家，刑事法治建设是法治国家的重要支柱，在构建、完善法治国家和增强预防核恐怖犯罪风险能力的进程中，运用刑事立法来弥补漏洞、预防风险显得尤为重要。[②]

### 2. 无法充分回应我国总体国家安全观的要求

2014年4月，我国国家安全委员会召开第一次会议之时提出了“总

---

① 王文华：《〈制止核恐怖行为国际公约〉与我国相关立法的协调研究》，《社会科学文摘》2016年第8期。

② 孙道萃：《风险社会与风险刑法：立场与调试》，《中国公共安全》（学术版）2011年第2期。

体国家安全观”的理念，总体国家安全观中囊括了“11 种安全”，并在其后的发展中扩张为“16 种安全”，进一步完善了新时代国家安全体系。核安全作为国家安全体系中的重要组成部分，在总体国家安全观提出之初，就已位列“11 种安全”之中，可谓“初始成员”。[①] 并且核安全是关乎核行业平稳发展、人民生命财产安全、生态环境安全以及社会和谐稳定的重要前提。因此，保障核安全，是党和国家的重要使命。总体国家安全观语境下的核安全具有丰富的内涵。广义而言，核安全是指对核设施、核材料、放射性材料等涉核机构与物质采取充分的监管与保护，并提前拟定突发事件、紧急事件安保预案，防范人为破坏、自然灾害、技术故障等原因导致的核事故，并最大限度地削减由核安全事故所引起的次生灾害对人类、环境的危害，例如核辐射扩散等重大公共卫生事件。其中，核恐怖犯罪正是核安全内涵中“人为破坏”危险的一种表现形式，核恐怖犯罪对核安全乃至总体国家安全产生了巨大的威胁。

刑法作为卫国安邦的最后一道防线，也是直面恐怖主义犯罪的主力军，应当同《反恐怖主义法》《国家安全法》相衔接，一道积极打击包括核恐怖犯罪在内的所有类型的恐怖主义犯罪，以更好地回应总体国家安全观的需求。[②] 但是我国刑法并没有充分地回应总体国家安全观的需求，并未对核恐怖犯罪予以充分重视，甚至对核犯罪也未予以充分的重视。正如前文提及的，在我国现行《刑法》中，含有“核”字眼的核犯罪条文仅有第 151 条走私核材料罪，其余诸如核恐怖犯罪，均未在《刑法》中予以体现，而是被各类相关犯罪所分揽、包含。以核恐怖犯罪为例，核恐怖犯罪有其特征，此类特征也使核恐怖犯罪有别于其他类型的恐怖主义犯罪。《反恐怖主义法》第 3 条对“恐怖主义”下了定义。“恐怖主义，是指通过暴力、破坏、恐吓等手段，制造社会恐慌、危害公共安全、侵犯人身财产，或者胁迫国家机关、国际组织，以实现其政治、意识形态等目的的主

---

① 《贯彻落实总体国家安全观 推动营造核安全良好社会氛围》，生态环境部东北核与辐射安全监督站网站，https://nero.mee.gov.cn/gzdt/202104/t20210426_830460.shtml，最后访问日期：2022 年 3 月 23 日。

② 闻志强：《总体国家安全视域下反恐刑事立法检视与应对》，《南海法学》2021 年第 4 期。

张和行为。”从该定义可以看出，一般类型的恐怖主义犯罪的最终目的是通过恐怖犯罪行为实现其政治目的，因此一般意义上的恐怖主义犯罪主要危害的是总体国家安全观“11 种安全”中的政治安全、国土安全、社会安全等。从唯物辩证法的角度看，核恐怖犯罪在兼具恐怖犯罪普遍性特征的基础上，还具有其特殊性特征，即核恐怖犯罪的手段与目标主要涉及核电站、核材料、放射性物质等，换言之，核恐怖犯罪所欲达到的政治目的虽然与一般类型的恐怖主义犯罪相同，并且最终造成的对国家、人民、环境的危害相比于普通恐怖主义犯罪而言有过之而无不及，从这个角度来看，核恐怖犯罪同样危害了总体国家安全观中的政治安全、国土安全、社会安全、生态安全等，但是其特殊之处在于还严重危害了核安全，这是其他类型恐怖主义犯罪所不具备的。核安全作为与我国总体国家安全观中政治安全、国土安全等安全要义等量齐观、并驾齐驱的存在，有其独特的核心要义与哲理基础，[①] 理应与总体国家安全观中的其他安全同等看待。是故刑法中将核恐怖犯罪不加区分地囊括在恐怖主义犯罪之中的做法无法充分回应总体国家安全观的需求。

**3. 未能与《公约》有效协调**

我国向来重视所签署或加入的国际公约，并且我国对所签署的国际公约还秉持着“条约必须遵守”的原则，遵循并履行国际公约的各项规定，履行国际公约的各项义务，除了公约中我国明确表示保留的条款。《公约》第 6 条明确规定，每一个缔约国都应当酌情采取必要的措施，在适当之时制定国内法，来保证打击《公约》范围内的核恐怖犯罪行为，并使这些犯罪行为受到应有的刑罚处罚。正因为我国一贯秉持着必须遵守国际条约的原则，将所签署或批准的国际公约中的相关条款转化为相关国内部门法的条文，进而规制国内的相关犯罪行为势在必行。因此，我国刑法应当遵守《公约》的规定，将与《公约》中打击核恐怖犯罪行为相关的条款同步调整，将《公约》第 6 条的倡议在刑法中予以转化、体现。

具体而言，《公约》第 2 条对核恐怖犯罪行为作了详细规定，包括主

① 彭新林：《论习近平国家安全法治理论》，《武汉大学学报》（哲学社会科学版）2022 年第 5 期。

观目的、行为方式、共同犯罪与有组织犯罪、犯罪形态等。但是我国刑法并未与《公约》进行有效衔接、协调，尤其是在行为方式上。诚然，《刑法》第120条规定了恐怖犯罪，但是其中并没有关于核恐怖犯罪行为的细化规定，而是将所有类型的恐怖主义犯罪都规定在恐怖犯罪条文之下。正如前述内容所论证的，核安全是总体国家安全观中具有独特价值的一部分，同时《公约》的宗旨也是打击核恐怖犯罪，捍卫国际核安全，将核恐怖犯罪笼统地囊括在《刑法》第120条项下，无法有力地示警、打击核恐怖犯罪，起不到一般预防的作用，更不符合《公约》与总体国家安全观的旨趣。

## 二　总体国家安全观视域下刑法应对核恐怖犯罪的必要性检视

### （一）核恐怖犯罪的趋势

美国“9·11”恐怖袭击发生之后，人们开始担心美国当时正在运行的百余座商用核电站也会成为恐怖分子的犯罪目标，美国众议院紧急通过了第2983号法案，用以加强核电站等核设施周边的戒备力量，以防止“核9·11”的发生。事实上，人们的担心不无道理，有案例表明在20世纪70年代的美国，有三名不法分子劫持飞机，并扬言威胁要将飞机坠毁在美国田纳西州的橡树岭核武器工厂，但最终美国当局满足了不法分子的需求，从而避免了这一场人为灾难，此时该架飞机距离目标核武器工厂仅剩2.5公里，该距离对于核安全这一法益而言已产生现实、紧迫的危险，因此核恐怖袭击并非空谈。[①] 并且在“9·11”恐怖袭击发生之前，就有证据表明，“基地”组织已经从巴基斯坦核武器项目的前主要官员处获取了核武器的制造方法，并从乌兹别克斯坦等国走私了核材料。当今世界，一些国家将被遗弃的放射源、核材料等随意安置在核材料库中，而安保戒

---

① 《核恐怖主义是最大敌人》，新民网，http://xmwb.xinmin.cn/lab/xmwb/html/2016-03/30/content_14_4.htm，最后访问日期：2022年3月23日。

备力量较弱的核材料库、废弃放射源给了恐怖分子走私、盗窃的可乘之机。恐怖分子可利用通过这些渠道走私的核材料轻易地制造脏弹，并实施核恐怖犯罪。根据 IAEA 的统计，全球在 1993 年至 2001 年共发生了 500 余起核材料非法贩卖、运输案件，其走私路径遍布 40 多个国家，核材料走私已然成为全球性问题。[①] 有专家论称，给核安全造成最大危险的不是针对核电站反应堆的攻击，而是针对核材料的偷窃。许多核电站没有对放射源做好安保防范措施，导致在许多黑市都能轻易地获取核材料，[②] 这无疑大大助长了核恐怖犯罪的发生。

20 世纪 90 年代以来，有资料证实的核恐怖犯罪均发生在欧洲。1995 年，车臣共和国国内的反动分裂分子预谋了一起核恐怖犯罪，他们将含有放射性核材料的自制脏弹放置在莫斯科的伊斯梅罗夫斯基公园中，所幸最终这起核恐怖犯罪被成功制止了。此外，在 2016 年的比利时恐怖袭击中，又一次敲响了核恐怖袭击的警钟，在此次针对比利时首都的恐怖袭击中，一名核电站的安保人员在家中被害，比利时相关机构准确地预判恐怖分子下一步的袭击目标是当地的两座核电站，于是连夜疏散民众并加强防范，才使得恐怖分子被迫转移袭击的目标，从而使核电站幸免于难。[③] 随着核技术的发展，世界对核能的需求变大，核恐怖犯罪发生的概率也大大增加。据 IAEA 统计，1993 年至 2011 年，全球共发生了 2000 余起非法获取、盗窃核材料犯罪，平均每年 100 余起。[④] 以德国为例，德国在 1991 年至 1995 年共发生了数百起核安全犯罪，1994 年犯罪数量达到峰值，发生了将近 300 起。从中我们可以得出结论，核恐怖犯罪发生的可能性也在逐渐变大。目前我国尚未发生过核恐怖犯罪，但是仍有必要尽早尽快地进行相关刑事立法，用刑法来规制核恐怖犯罪。

---

① 参见张家栋《全球化时代的恐怖主义及其治理》，上海三联书店，2007，第 8 页。

② 参见夏治强《反核化生爆恐怖——威胁 · 防范 · 处置》，化学工业出版社，2009，第 85 页。

③ 王筱：《〈制止核恐怖主义行为国际公约〉与我国刑法的协调》，《商洛学院学报》2020 年第 3 期。

④ 《资料：世界核安全问题及核安全峰会》，人民网，http://politics.people.com.cn/n/2014/0323/c1001-24710742.html，最后访问日期：2022 年 3 月 23 日。

## （二）我国总体国家安全观的要求

我国当前正处于战略机遇期，社会正在高速发展，其中各个领域在发展的过程中都显现出不同程度的矛盾。[①] 如图 1 所示，核恐怖犯罪正是介于核安全犯罪与恐怖主义犯罪两类犯罪交叉重叠范畴之中的犯罪，因此核恐怖犯罪兼具核安全犯罪与恐怖主义犯罪的普遍性特点，同时也具有其自身的特殊性表征，核恐怖犯罪也是我国整体国家安全保障层面正面临的潜在危险之一。

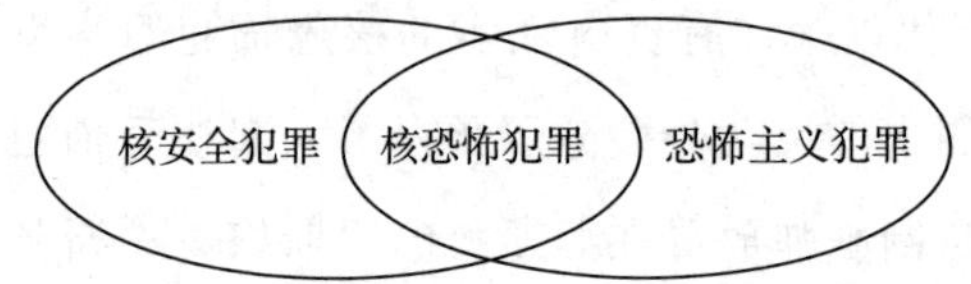


**图 1　核安全犯罪、恐怖主义犯罪、核恐怖犯罪之范畴**

我国是能源大国，也是能源消耗大国，近年来，受益于核电能源使用技术的快速发展，发展核能、利用核能是我国现代化进程中重要的一环。据统计，截至 2023 年上半年，我国在运核电机组共计 55 台，装机容量约 5700 万千瓦。在建核电机组 24 台，装机容量约 2780 万千瓦。在运在建核电机组共计 79 台，位居世界第二，预计 2035 年我国核电发电量能够达到全国的 10%。[②] 而核电站在带来高收益的同时，也伴随着高风险。在国际社会上已经出现过核恐怖犯罪先例的情况下，我国必须增强风险意识，防患于未然。尤其是在进入风险社会阶段后，风险社会理论也对传统刑法理论产生了影响，逐渐产生了风险刑法理论，核能带来的潜在核风险恰恰是风险社会中重要风险之一，也是核恐怖犯罪的显著外在特征，这对我国总体国家安全观中的核安全形成了威胁。在总体国家安全观的意蕴中，存在“五个要素，十个重视”，其中“五个要素”分别为“以人民安全为宗旨，以政治安全为根本，以经济安全为基础，以军事、文化、社会安全为保

① 莫纪宏：《用法治保障总体国家安全观的贯彻落实》，《人民法治》2016 年第 8 期。

② 《到 2035 年我国核电发电量占比有望达到 10%左右》，“澎湃新闻”百家号，https://baijiahao.baidu.com/s?id=1778020377927134815&wfr=spider&for=pc，最后访问日期：2023 年 9 月 25 日。

障，以促进国际安全为依托”；而“十个重视”要求我们“既要重视外部安全、国土安全、传统安全、发展安全、自身安全，又要重视内部安全、国民安全、非传统安全、安全问题、共同安全”。[①]

从总体国家安全观“五个要素”的角度来看，于我国而言，核恐怖犯罪严重威胁了人民安全、政治安全、经济安全、社会安全，因此，核恐怖犯罪严重违背了我国总体国家安全观的宗旨，侵蚀了总体国家安全观的根本，破坏了总体国家安全观的基础，使得总体国家安全观的保障出现疏漏，也使得我国总体国家安全观失去了依托。从总体国家安全观“十个重视”的角度来看，核恐怖犯罪不仅仅来源于域外，威胁国际社会的安全，同样也可能发生在我国的领土范围内，对我国内部造成破坏，进而危害我国的国土、国民安全，阻碍我国的稳定发展，破坏国家安全。此外，核恐怖犯罪也不只损害总体国家安全观中作为传统安全的政治安全、国土安全、军事安全，还损害总体国家安全观中作为非传统安全的核安全、生态安全、社会安全等。因而不论于我国自身而言，还是于国际社会而言，核恐怖犯罪都是我们共同面对的问题。基于上述理由，我国在全球第四届核安全峰会闭幕式上开创性地提出了核安全共同体的论断，并指出核恐怖主义是超国界的、全人类的公敌，应当对其无差别、零容忍，应对核恐怖主义犯罪，是所有国家需要共同攻克的课题，没有任何一个国家是安全孤岛，也没有任何一个国家可以将核恐怖犯罪置之度外。[②] 但是在我国刑法中，对核恐怖犯罪的规制却存在立法缺位的问题，因此我们有必要作出表率，积极主动地预防核恐怖犯罪，[③] 在刑法层面更好地防范核恐怖犯罪带来的威胁，并促进核能领域的发展。因此，在我国总体国家安全观的指引下，完善刑法关于核恐怖犯罪的规定，严密反核恐怖犯罪的法网十分必要。

---

① 闻言：《指导新时代国家安全工作的强大思想武器——学习〈习近平关于总体国家安全观论述摘编〉》，人民网，http://politics.people.com.cn/gb/n1/2018/0504/c1001-29963982.html，最后访问日期：2022 年 3 月 23 日。

② 《习近平首提打造核安全命运共同体》，凤凰新闻，http://inews.ifeng.com/mip/48336298/news.shtml，最后访问日期：2022 年 3 月 23 日。

③ 康均心、谷曼曼：《总体国家安全观与刑法保障》，《甘肃政法大学学报》2021 年第 2 期。

### （三）基于国际社会的关切以及与国际公约的协调

核能的清洁高效吸引了众多国家大力研究发展核技术，并在核领域投入了大量的人力物力。与此同时，国际社会也对核安全问题高度关注。如前所述，当今拥有核材料的部分国家，对于被废弃、淘汰的核材料、放射性物质的处置不当，导致核材料失窃、走私案件频频发生。并且在一些欧洲大陆国家，例如德国，根据前文所述，核安全犯罪也时有出现。近年来，一些极端组织、恐怖组织将袭击的手段或目标放在了核材料、核设施上，即欲通过袭击核设施或使用含有核物质的危险武器发动核恐怖主义袭击，这给国际社会带来了巨大的威胁。基于此，2016年3月在美国华盛顿召开的第四届核安全峰会的议题就是“核恐怖主义威胁的演变以及各国可采取的应对措施，最大限度减少高浓缩铀的使用、确保核材料安全、打击核材料走私，吓阻、侦查和挫败实施核恐怖活动的图谋”。与会国在会上呼吁世界各国加强合作，加大对核恐怖犯罪的打击力度，力图在核恐怖犯罪有“抬头”趋势之前进行遏止，这也切合我国“严厉打击”恐怖主义犯罪的刑事政策。另外，我国在2015年颁布了《反恐怖主义法》，该部法律的颁布施行作为我国总体国家安全观的重要环节，宣示了我国反恐怖主义犯罪的决心，也为进一步加强反恐怖主义国际合作奠定了法律基础。[①]我国于2005年签署了联合国关于制止核恐怖犯罪的《公约》，并在2010年批准了该公约。《公约》要求包括我国在内的缔约国应当尽快在各国内刑法中将核恐怖犯罪行为规定为刑事犯罪。此外，我国在签署《公约》之后，还加入了由美国、俄罗斯领头提议的“打击核恐怖主义全球倡议”（以下简称“全球倡议”）行动，来防范与制止核恐怖犯罪的发生，这符合我国总体国家安全利益，彰显大国责任。[②]

但是，从国内的立法现状来看，我国不论是在《刑法》中，还是在

① 刘旭：《总体国家安全观下的反恐国际合作——以〈反恐怖主义法〉为例》，《宁波广播电视大学学报》2019年第1期。

② 余民才、潘国平：《“打击核恐怖主义全球倡议”及中国加入之法理探析》，《法学家》2007年第5期。

《反恐怖主义法》中都没有设置直接针对核恐怖犯罪的罪名，而是将其作为恐怖主义犯罪项下的一种类型，进行概括性的立法，这就没有凸显出我国对核恐怖犯罪应有的重视。尤其在当下核技术高速发展，并在能源领域以及其他诸多领域中发挥重要作用的背景下，再将核恐怖犯罪包括在恐怖主义犯罪这一类罪名之下就显得不合时宜。为了保障核领域的安全发展，防范核恐怖犯罪所带来的现实威胁，以及回应国际社会对核恐怖犯罪问题的关切，并与我国签署加入的《公约》、“全球倡议”中的要求相协调，更加显示了在当前形势下通过刑事立法在刑法以及附属刑法中增加核恐怖犯罪相关内容的重要性、必要性。

## 三　治理之道：构建契合我国核恐怖犯罪的罪名体系

### （一）“分离—增设”模式下核恐怖犯罪圈之适度扩大

在我国刑法中，核恐怖犯罪作为恐怖主义犯罪项下的一种犯罪类型，与其他各类型的恐怖主义犯罪共用《刑法》第 120 条的规范条文。盗窃、抢夺、非法制造、买卖核材料以及破坏核设施等涉核犯罪也被盗窃、抢夺、非法制造、买卖危险物质罪与破坏易燃易爆设备、电力设备罪等犯罪所吸收。这就使得我国刑法中的涉核犯罪没有单独的体系，并且存在一定程度上混乱的问题，无法发挥刑事司法应有的威慑、预防作用。

基于此，我们应当遵循“分离—增设”模式，将现有法律条文中的涉核犯罪抽离出来，并且在刑法及相关法律中增设一系列尚付阙如却又亟待规制的涉核罪名，将这些涉及核安全的危害行为积极地纳入刑法的规制之中，其中首先应考虑的正是核恐怖犯罪，具体而言，应从以下两点入手。

第一，从我国《刑法》现有法律条文中将核恐怖犯罪犯罪圈内的相关犯罪分离出来，其抽离方式可以仿照《刑法修正案（十一）》中，将袭警罪从妨害公务罪中分离出来的方式，即将抽离出的罪名作为独立的罪名暂时列于原条文项下，作为其中一款，例如“第一百二十条之一【准备实施核恐怖活动罪】”。以此类推，将现有法律条文中涉及核恐怖犯罪行为的罪名一一抽离，待出台刑法修正案或刑法全面修订之时再行整合，采用此种立法模式的国家并不在少数，比利时就是适例。具体而言，我们可以从《刑法》第 120 条诸款规定的各项恐怖主义犯罪行为中，将核恐怖犯罪行为分离出来，即单独规定核恐怖犯罪为“组织、领导、参加、帮助、准备实施、宣扬核恐怖犯罪行为”，然后将其纳入核恐怖活动犯罪条文之中。此外，涉及核材料与核设施的相关犯罪也应当予以分离，因为核恐怖犯罪的上游犯罪行为，都必然涉及核材料或是核设施，且《公约》对此也作出了要求，我国应当予以考量。因此，为了更好地预防核恐怖犯罪、完善核安全犯罪体系，应当对这些罪名予以重视，并将其分离出来，[①] 海外对此有相对成熟的立法例，例如《德国刑法典》《俄罗斯联邦刑法典》中都对涉及核设施、核材料的刑事犯罪作了全面的规定，其立法经验能够为我国提供重要参考。

第二，由于我国已经加入了《公约》，并且后续还加入了由美国、俄罗斯领衔的“全球倡议”，这就要求我们尽快将《公约》、“全球倡议”中具体规定的核恐怖犯罪行为以增设罪名的方式纳入我国的《刑法》规制范围之中。上文提及，《公约》的第 2 条对核恐怖犯罪的行为方式作了列举，包括出于致人死伤、财产严重毁损以及损害公共环境的目的而为的“拥有核材料、制造核装置、外泄核物质、非法故意索要核材料”等大概率导致核恐怖犯罪的上游犯罪行为。对此，我们应当尽快将这些犯罪行为纳入我国的《刑法》规制范围之中，以预防核恐怖犯罪的发生。

综上所述，图 2 能够更清晰地展示“分离—增设”模式下分离、增设核恐怖犯罪相关罪名的步骤。同时“分离—增设”模式也契合了风险刑法的理论，扩大了对核恐怖犯罪及其前端上游犯罪行为的规制与打击。不过，我们不能无度地扩大核恐怖犯罪的犯罪圈，否则就会矫枉过正，陷入风险刑法泛化的谬误之中，[②] 反而阻碍我国核领域的发展。但是，对于上

---

① 贾健、杨雪嵋：《核安全刑法保障的缺陷与立法完善》，《广西警察学院学报》2019 年第 6 期。

② 黎宏：《对风险刑法观的反思》，《人民检察》2011 年第 3 期。

述并非直接涉及核恐怖犯罪，但有可能构成核恐怖犯罪的前端上游犯罪的行为，《刑法》不能不进行规制，核恐怖犯罪具有后果严重性、破坏影响范围广泛性以及难以挽回性，一旦发生，就会对我国的总体国家安全造成极为严重的破坏，甚至会对我国整体的生态安全、国土安全、资源安全等造成难以挽回的损失。所以，我们应当充分、慎重地考虑行为人的主观意图，通过观察其惯常行为，来判断其是否具有实施恐怖主义犯罪的倾向，严格把握核恐怖犯罪的打击范围，入罪标准不能过于宽泛，导致累及无辜，但也不宜太过苛严，导致轻纵犯罪分子。

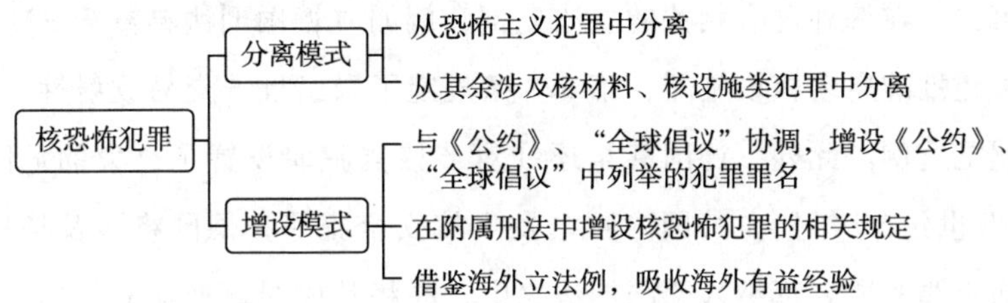


**图 2　“分离—增设”模式下核恐怖犯罪相关罪名的分离、增设来源及步骤**

### （二）增设抽象危险犯以提前刑法介入时间之重申

凡涉核犯罪，其后果均具有一定的严重性以及难以挽回性，更遑论危害人类、破坏社会秩序的核恐怖犯罪。核恐怖犯罪一旦发生，将会对我国乃至人类社会造成不良影响。所以，我们应当将刑法介入其中的时间提前，防患于未然，而非待危害结果发生后，再进行事后救济，否则就很难挽回所造成的损失了。

关于刑法提前介入核恐怖犯罪，我们应当将与其相关的罪名成立的标准前移，将实害犯转为抽象危险犯，即行为犯，来减少或消除其可能带来的威胁、风险。在学界已有许多学者提出该观点，并呼吁在修订《刑法》之时及时将该类犯罪设置为抽象危险犯，笔者在此重申该论点的重要性，主要是基于以下三点理由。

第一，我国刑法中规定的大部分犯罪都是实害犯，也就是以发生了犯罪所规定的危害结果为既遂标准。这也符合传统的刑法观点，认为犯罪就是一种侵害法益的不法行为，即发生了法益侵害的结果，才能成罪。[①] 但是根据上文所述，待核恐怖犯罪的结果发生后再介入刑法，此时既无法挽回所造成的损失，也可能根本无法对恐怖主义犯罪分子进行有效的惩罚，恐怖分子制造恐怖袭击时，往往都是赌上自己的身家性命，更何况核恐怖犯罪。因此，实害结果犯的立法模式，既无法很好地起到预防之用，也无法很好地威慑恐怖主义犯罪分子。故，我们的刑法必须尽早、尽快地介入核恐怖犯罪，力争在其前端、上游犯罪发生之时介入，才能够有效地防范犯罪的发生，纠正介入滞后的弊病。

第二，在海外已有相关的立法先例，例如《德国刑法典》第 327 条规定了未经批准启动核设施罪，第 328 条规定了未经批准交易放射性核材料罪，就是适例。此外，德国甚至还针对涉核类犯罪设置了过失的危险犯。由于 20 世纪 90 年代在其国内频繁发生核安全犯罪，德国将涉及核安全、核恐怖犯罪的罪名都纳入德国刑法之中，并将其成罪标准提前，用以对核安全进行周密的保护。我们可以充分借鉴海外有益的立法经验，将其本土化后纳入我国的刑法中，这同时符合风险社会阶段风险刑法理论的旨趣，对可能造成实害结果的风险行为进行及早规制，进而防止该风险行为真正导致实害结果。[②]

第三，对核恐怖犯罪系列罪名设置抽象危险犯，提前刑法介入其中的时间，同样是基于风险刑法理论与积极刑法观下的一般预防理论。由于核恐怖犯罪所造成的危害之大、发动的时间之短促，我们应当在事前就将该类风险行为界定为核恐怖犯罪的实行行为，这既符合我们一般预防、防范风险的目的，也符合设置抽象危险犯的宗旨，即“特别重视刑罚的一般预防效果”。[③] 此外，设置抽象危险犯也能在一定程度上降低司法机关对该类犯罪追诉的难度，即司法审判机关只需证明犯罪嫌疑人实施了抽象危险行为便可定罪，进而节约了司法资源。

---

① 参见〔德〕李斯特《德国刑法教科书》（修订译本），徐久生译，法律出版社，2006，第 8 页。

② 陈晓明：《风险社会之刑法应对》，《法学研究》2009 年第 6 期。

③ 苏彩霞：《“风险社会”下抽象危险犯的扩张与限缩》，《法商研究》2011 年第 4 期。

综上，对核恐怖犯罪系列罪名在我国刑法中设置抽象危险犯，以前移刑法介入其中的时间，具有重要的实践意义与可行性，能够较好地规制可能发生的核恐怖风险，从而使我国核恐怖犯罪法网更为严密。

### （三）核恐怖犯罪之体系整合

根据上文所述，应当按照“分离—增设”模式，将刑法中涉及核恐怖犯罪的相关罪名分离出来，并与《公约》、“全球倡议”中的要求相协调，将文件中规定的数种行为通过增设罪名的方式纳入我国刑法中，同时将罪名的成罪标准前移，设置抽象危险犯，以更好地防范、规制核恐怖犯罪的风险及潜在威胁。诚然，将核恐怖犯罪相关的罪名分离、增设之后，更有利于我国对核恐怖活动进行打击，也符合我国刑法中罪刑法定原则的要求。但是，不论是从原罪名中分离出新罪名，还是新增设的罪名，一旦它们的分布过于零星、琐碎，就会造成该系列罪名体系的紊乱，以及认定、适用上的麻烦。因此，整合所有涉及核安全类犯罪，单独增设核安全犯罪一节，并将核恐怖系列犯罪整合为一个独立罪名纳入核安全类犯罪一节之中，最后将其整体作为独立的一节置于刑法分则第二章危害公共安全犯罪中，是极具可行性的。具体理由包括如下两点。

第一，“核恐怖犯罪”属于“恐怖主义犯罪”项下的一个下位概念，同时也是核安全犯罪圈中的一类犯罪，如上文图 2 所示，核恐怖犯罪存在于恐怖主义犯罪与核安全犯罪二类罪名范畴所重叠的部分，本质上侵害了公共安全法益，但是由于核恐怖犯罪涉及核材料、核设施、核武器等与核相关的手段、目的，本文认为将核恐怖犯罪从恐怖主义犯罪中分离出来后，纳入核安全类犯罪中进行规制更为适宜。如此安排核恐怖犯罪系列罪名能够提高我国对该类犯罪的重视程度，此其一；其二，也更有利于我国打击核恐怖犯罪；其三，能够使得核安全犯罪体系更加完善，符合我国总体国家安全观以及综合治理的要求。①

第二，将核恐怖系列罪名独立整合成罪后，纳入核安全犯罪的整体体

① 张磊：《我国恐怖主义犯罪刑事立法政策的反思与展望》，《暨南学报》（哲学社会科学版）2018 年第 10 期。

系，符合《公约》、“全球倡议”的要求，能够更有效、便利地进行国际合作，也能够有目的性地吸纳海外的有益经验，完善我国的刑事立法，做到有的放矢，而非仅仅停留在倡议阶段。同时，如此整合排列也能够强调我国对打击核恐怖犯罪的重视，更有利于保障与促进核安全领域的发展，为核领域前进发展之路消除潜在的威胁。

## 四　结语

著名物理学家爱因斯坦认为，他提议研发、制造核武器，无异于为人类打开了“潘多拉”魔盒。以核武器为手段之一的核恐怖犯罪是恐怖主义犯罪范畴内最具危害性的犯罪类型之一，其对我国乃至世界核领域的发展造成了巨大的威胁。核恐怖犯罪看似距离我们非常遥远，但实际上随着技术的发展，包括我国在内的各个国家兴建核电站，发展核能，甚至有些国土面积不大的国家将核电站径直建立在城市周围，一旦这些核设施被用来进行核恐怖犯罪，必然导致不可估量的后果，并且极难挽回。当前世界，诸多国家签署了各类防止核扩散、限制核武器的公约，并且还特别针对核恐怖犯罪签署了《公约》，足以见得国际社会对打击、遏制核恐怖犯罪的决心。诸多海外国家的刑事法典都对核恐怖犯罪或可能造成核恐怖犯罪的行为进行了规定，用以防止该类行为导致的严重后果。然而，目前我国刑法尚未完全遵循总体国家安全观与《公约》的要求，给予核恐怖犯罪乃至核安全犯罪以足够重视，存在立法缺位的问题。因此，我国有必要编织一张契合我国国情的打击核恐怖犯罪的法网，完善打击核恐怖犯罪之体系，进而保障核领域的安全发展以及国家的总体安全。

# The Criminal Law Governance Path of Nuclear Terrorism Crime in the View of Overall National Security

Fang Zheng, Yan Li

**Abstract**: The crime of nuclear terrorism is one of the most serious threats facing the international community today. As one of the States parties to the International Convention for the Suppression of Acts, China should pay more attention to preventing and combating the crime of nuclear terrorism. However, there is a lack of legislation on the crime of nuclear terrorism in China's criminal law, and it couldn't be coordinated with international conventions. Thus, it is necessary for us to follow the "separation-addition" model on the basis of coordinating with international conventions and absorbing useful overseas experience, separate the crimes involving nuclear terrorism in the criminal law, and add new crimes according to the criminal acts stipulated in international conventions. Meanwhile, advance the standard of the crime of nuclear terrorism and set up the abstract dangerous crime. Finally, it is necessary to build a set of charge system suitable for China's nuclear terrorism crime to prevent the occurrence of nuclear terrorism crime, and look forward to better protecting the development of China's nuclear field and responding to the requirements of overall national security.

**Keywords**: Nuclear Terrorism Crimes; Overall National Security; Necessity; Offender of Abstract Danger; Accusation System

# 二　行政法研究

# 论行政法治转型视域下我国行政立法的变革

钟扬民*

**摘要：**我国正处于转型变革期，行政法治也正在发生急剧的变化。我国权力机关对行政立法的监督持续增强，政府守法要素在行政立法过程中的要求持续提高，司法机关对行政立法的审查力度逐步加大，公民参加行政立法的诉求不断增强，这些因素成为当前我国行政立法必须应对的严峻法律挑战。基于我国行政法治发展的内在要求，行政多元争议解决制度的发展需要，行政程序法典化的必要考虑和域外行政立法改革的成功经验，当前我国传统行政立法程序的变革与完善有了新的任务和要求。协商行政立法制定作为一种新型的行政规则制定程序，为我国传统行政立法改革提供了一种可选择进路。

**关键词：**行政国家　法治转型　行政程序　行政立法　协商行政立法

当代世界是行政的世界。一般来讲，在当代世界主要国家的宪法国家权力结构体系中，行政权优越于司法权，行政程序优先于司法程序。从世界行政法治发展的进程来考察，随着西方自由主义时期向干预主义时期的发展演进，在历史变革中应运而生的行政国家在法治国、福利国和后福利时代中发挥着越来越重要的作用。行政国家已然是法治国家的一种模式，它遵循法治原则和依法行政基本原则，以行政权力的不断扩张和膨胀为基本特征。所谓行政国家，是与立法国家和司法国家相对应的一种国家状态，行政系统在国家的功能发挥和角色扮演上比立法系统、司法系统占据更重要的地位。“一个广为社会大众所不知的现象，就是我们已经生活在

---

* 钟扬民，法学博士，湖南理工学院法学院研究人员，硕士生导师，北京金诚同达（上海）律师事务所律师，研究方向为行政法学。

一个行政国家之中。”①

行政国家是因应时代发展需要而提出来的，是现代社会转型发展的客观结果，它已经成为现当代社会的一个普遍现象。陈新民教授曾专门考证“行政国家”作为学术概念的源头，结论是它源自奥地利行政法学家梅克尔于 1927 年出版的《行政法总论》。② 我国的行政管理学者颜昌武教授指出，行政国家具有“政府国家”、“执行国家”和“官僚国家”三个维度的内涵。③ 政治学、行政学的学者早已指出行政国家发展历史潮流不可阻挡。西方国家的国家治理形态从历史维度来讲，经历了警察国、法治国、福利国和后福利时代四种形态。④ 因应法治国家形态的变化，相对应地，行政法治的发展过程中也出现了四种行政法治类型。

行政国家本身具有的特质势必给正处于行政法治转型发展的中国带来巨大的影响。随着我国经济社会发展而涌现的多元化权利话语，民众对权力的认同问题越来越复杂，从而对整个国家的统一合法性共识产生深入的影响，中国行政国家权力模式的合法化认同机制需要进行更新。⑤ 基于世界行政国家发展潮流对行政法治转型的影响和推动作用，具体论证我国行政法治转型对行政立法⑥机制变革的内在要求，希冀并借此推进行政法治新时代我国行政立法机制的更新与完善，是本文研究的问题缘起。

---

① 陈新民：《公法学札记》增订本（第 1 版），法律出版社，2010，第 21 页。

② 陈新民：《公法学札记》增订本（第 1 版），法律出版社，2010，第 30 页。

③ “政府国家”指相对于社会和市场而言，政府权力显著强大且渗透到社会经济生活的方方面面；“执行国家”是指行政权相对于立法权和司法权空前强大，居于政府权力结构的核心；“官僚国家”是指官僚科层体制在政府运行程序体系中占据支配地位。参见颜昌武《行政国家：一个基本概念的生成及其蕴涵》，《公共行政评论》2018 年第 3 期。

④ 倪洪涛：《论西方行政法治的主要类型》，《法律科学（西北政法大学学报）》2022 年第 3 期。

⑤ 参见张颖《走出路径依赖：重构行政国家权力合法性评价机制》，《政治与法律》2016 年第 9 期。

⑥ 参见刘莘《行政立法：原理与实务》，中国法制出版社，2014，第 2 页。刘莘教授对“行政立法”进行阐释时称：“此种行政立法是从主体即‘立法’活动的实施者来界定行政立法的……即所有行政机关制定的具有普遍约束力的规范新文件的活动通称为行政立法，包括行政法规和规章的制定，也包括非正式的行政立法形式——其他行政规范性文件的制定。”笔者此处所采用的“行政立法”概念系刘莘教授广泛意义上使用的“行政立法”概念，指由行政机关所制定的对行政相对人具有普遍约束力的规范性文件，包括行政法规、行政规章、行政规范性文件。

# 一　当代世界行政国家的发展对我国行政法治的塑形影响

一般来说，在行政国家状态中，国家行为的中心着落于行政系统之上。行政系统或行政权在国家中的作用突出，从行政权作用的广度来看，行政权已经渗透到经济社会生活的各个领域和各个方面，一个公民“从摇篮到坟墓”都处于行政权的作用范围之内；从行政权作用性质来看，行政权早已经跨入立法领域和司法领域，所谓“准立法权”“准司法权”或者“行政立法”“行政司法”的概念早已经为行政国家下的社会所接受，行政权在立法和司法方面都发挥着不可替代的作用；从行政权的作用的特征来看，行政权的行使最突出的特点也是行政权最大且最灵活的优势，即行政权的行使中行政主体具有较大的行政裁量权。行政裁量权的需要和存在及其给行使行政权的行政主体所带来的裁量空间也是行政国家法治隐患的根源。因此，现代国家的法治主要是行政法治。不言而喻，行政法治的核心要求就是对行政国家中的行政权进行严格的规范和制约，强调“依法行政”和政府守法。

## （一）德国行政国家发展：奥托·迈耶“行政法长存”之叹

享有德国“行政法之父”之称的奥托·迈耶曾在其著作《德国行政法》中感叹：“‘宪法灭亡，行政法长存’，这已为人们在其他地方早已注意到。”[①]“行政法长存”正是对福利国家下行政权和行政法所能发挥的积极作用的智慧判断。奥托·迈耶所处的时代是秩序行政国家向服务行政国家转化的时期，1918 年第一次世界大战结束后，作为战败国的德国面临国际战争赔偿、国内经济萧条、通货膨胀等复杂背景，而且德国新通过的具有法治崇高理念和精神的《魏玛宪法》无力挽救德国社会的动荡现实，

① 〔德〕奥托·迈耶：《德国行政法》（第 3 版），刘飞译，商务印书馆，2013，前言。

国家权力系统严重瘫痪无法正常运行，连政府系统的运行都经常需要总统行使紧急命令。奥托·迈耶从其亲自经历的依靠行政权而非立法权来维持国家生命的德国动荡社会形态出发，反思国家治理的法治理想应当从政治性、理想性的宪法之上转移寄托到拘束行政权且强调技术性质的行政法之上，以经受福利行政国家时代的考验。奥托·迈耶发出令人深思的时代之叹，不得不感慨"行政法之父"精准地把握了行政法发展的趋势和行政法治的脉搏。

### （二）英国行政国家发展：国家对公民"从摇篮到坟墓"的国家义务

这一感慨至今看来依然具有时代生命力和写实画像感。事实上，在奥托·迈耶感叹之时，进入 20 世纪的世界主要国家已经不知不觉身处行政国家时代潮流之中了。同处欧洲的英国人已经感觉到了英国社会所发生的深刻变化。"在 1914 年 8 月之前，除了邮局和警察之外，一个具有遵纪守法意识的英国人可能在他的一生中几乎都注意不到国家和政府的存在。"① 从这句话的意思来分析，不容置疑，20 世纪早期的英国社会，政府的影响已经十分深入了。英国从"夜警国家"向"福利国家"的转型使得政府对公民生存照顾进行了全面干涉。"如果国家对公民的照顾是从摇篮到坟墓，包括保护他们赖以生存的环境，提供各个阶段的教育，并为他们提供就业、培训、住房、医疗、养老，归根结底，一切衣食住行，那么，它就需要一个巨大的行政组织体系。"②

### （三）美国行政国家发展：从"小政府到大政府"的治理转型

大洋彼岸的美国亦经历了"守夜人国家"向"福利国家"的转变。1913 年起，威尔逊总统时期美国颁布诸多法律以扩大适用于普通公民和

---

① 〔英〕威廉·韦德、克里斯托弗·福赛：《行政法》（第 10 版），骆梅英、苏苗罕等译，中国人民大学出版社，2018，第 3 页。

② 〔英〕威廉·韦德、克里斯托弗·福赛：《行政法》（第 10 版），骆梅英、苏苗罕等译，中国人民大学出版社，2018，第 4 页。

公司的民事法和刑事制裁法律范围；20 世纪 20 年代胡佛改革、罗斯福新政至二战时期的美国立法增强了政府对经济的控制，法律特别强化了对劳工组织和农业垄断组织的保护并提高其地位；20 世纪 60 年代约翰逊总统至尼克松时期美国立法提高转移支付的水准，并且在环境保护、养老与劳动安全保护领域全面加强立法；21 世纪初的奥巴马政府及当下新当选执政的拜登政府立法继续强调政府在卫生保健、劳工和环保领域的积极权力和作为，如“奥巴马医疗法案”“多德-弗兰克法案”以及拜登上台签署的一系列行政命令包括重返《巴黎协定》、继续深化奥巴马医改方案等，美国政府试图通过高水平的政府干预以振兴美国经济社会的复苏与辉煌。美国“小政府到大政府”的转变过程展示了福利国家背景下行政权所发挥的极其强大的国家治理功能。[①]

### （四）我国行政法治国家的生成：行政法治的双重性格

从上文分析不难看出，无论美国、英国、德国还是世界其他主要国家，行政是当代世界各国政府的核心。从行政法治模式来看，19 世纪英美国家的“夜警国家”或“守夜人国家”反映的就是所谓的秩序行政的概念，秩序行政主要是指以维护公共安全及社会秩序为中心的行政活动模式。“其特征是采取事前禁止或事后处罚的方式，以防免危险或排除侵害，在内涵上偏重对人民利益追求的抑制或框范。”[②] 从行政手段对人民权利所产生的法律效果或者影响来看，这种秩序行政模式亦可被称为警察行政或干预行政，“传统的法治国家系将人民的自由与财产，当成是国家权力保障的最大法益，履行这种保障的行政任务，就是警察行政与税务行政”。[③] 进入 20 世纪，英美国家随着自由资本主义的失灵，纷纷从干预行政向福利行政或者服务行政转型。所谓服务行政是指保障人民生存的基本条件，改善人民生活水平的行政活动模式。在我国的行政法学语境中，

① 〔美〕理查德·A. 爱泼斯坦：《私有财产、公共行政与法治》，刘连泰译，浙江大学出版社，2018，第 1~9 页。

② 李建良：《行政法基本十讲》（修订 4 版），元照出版公司，2013，第 63 页。

③ 陈新民：《公法学札记》增订本（第 1 版），法律出版社，2011，第 6 页。

“福利行政”与“服务行政”、“给付行政”的概念通常是通用的，“所谓给付行政，又可称为服务行政或者福利行政，系指提供人民给付、服务或者其他利益的行政作用，就现代社会国家负担照顾人民生活的职责而言，此种行政作用甚具意义”。[①]

随着行政国家和行政法治的发展和推进，对行政国家下国家行政权力的扩张带来的警惕与防范也愈加成为各国政府与人民作出选择和试验的紧迫任务。在如何规制和处理行政国家下行政权的膨胀和扩张议题上，通过行政程序法治化对行政国家和行政法治模式实行监督与控制，经过20世纪的各主要民主法治国家的优先选择和尝试，程序主义法治控制行政国家的路径取得了重大的成功。典型如美国1946年颁布《美国行政程序法》（Administrative Procedure Law，简称APA），德国1976年颁布《德国行政程序法》，日本1993年颁布《日本行政程序法》。可见，现代民主法治国家几乎都试图通过行政程序法治化控制行政权力的恣意与妄为，以为公民基本权利的实现提供保障。

受世界行政国家和行政法治发展影响，中国同样身处一个行政国家时代。跟西方民主法治国家一样，我国行政国家的产生和发展必然导致我国行政法以及法治国家、行政法治的生成和变革。正如姜明安教授指出的：“行政国家产生是行政法产生和发展的基本原因，而行政法产生和发展是法治国家形成的基本条件。”[②] 与美国、英国、德国等行政国家和行政法治模式发展历史演进不一样，新中国成立之前，我国长期处于半殖民地半封建社会或者是处于战争动乱之中，并未真正建立起立宪国家或者自由主义民主共和国，行政国家与行政法治几乎没有生长空间。新中国成立以后改革开放之前，基于当时的特殊社会时代背景，我国的行政模式基本上以计划经济和干预行政为主，国家行政权力全面管理公民的生产、分配和消费，这一时期服务行政、福利行政不能说没有，但并非政府行政的主要内容和主要关注点。到改革开放以后，随着市场经济思想以及政治体制的开

① 翁岳生：《行政法》，中国法制出版社，2002，第29页。

② 姜明安：《行政法与行政诉讼法》（第6版），北京大学出版社、高等教育出版社，2015，第13页。

明开放和发展变革，我国行政法治模式由全能政府向有限政府、管理政府向服务政府努力转变。这一时期服务行政、福利行政蓬勃兴起，但干预行政模式也并未失去其主导作用。从整体上来考察新中国成立后至今的行政国家模式，我们不难得出这样一种结论，我国的行政模式的发展具有多种国家行政模式混合一体、协同推进的特点。因此，我国行政法治具有双重性质，即新兴的服务行政与传统的干预行政融合于一身。这种行政法治的双重性质及其所带来的行政法的双重结构影响和精神反射，不仅因应了我国社会经济转型的发展，符合我国依法行政的法治国家宪法的发展，也应随了我国人民对法律理念和法律情感的接受与转变。

## 二　我国行政法治的转型发展与行政立法面临的挑战

新中国成立以来，特别是改革开放以来，因应行政国家的世界潮流与发展趋势，加上我国经济社会前所未有的转型和变革发展带来的影响，我国行政法治也正在发生急剧的变化和更新。

### （一）我国权力机关对行政立法的监督不断增强持续推动行政立法改革

从权力机关的立法和行政机关制定行政立法的角度来看，我国在2010年已经基本建成社会主义法律体系，当前我国权力机关对行政法治建设的监督和完善主要体现在行政立法以及规范性文件的审查事项上面。根据全国人大法工委2020年对2018年生态环保领域行政立法集中清理和专项审查情况报告：“2018年为贯彻落实党中央决策部署和全国人大常委会决议要求，全国人大法制工作委员会开展了对生态环保领域的法规、司法解释等规范性文件的集中清理和专项审查，督促地方修改法规814件，废止法规127件；同时推动制定机关对集中清理过程中发现的37件部门规章、456件地方政府规章、2件司法解释以及11000余件各类规范性文件及时修改、废止或者重新制定。”①根据 2021 年全国人大法工委对 2020 年该专项工作报告的结论：“根据国务院办公厅和地方人大常委会反馈的情况，清理中发现需要根据全国人大常委会决定精神修改或者废止的规范性文件共 419 件，其中行政法规 3 件，国务院规范性文件 4 件，部门规章和规范性文件 30 件，省级地方性法规 69 件，设区的市地方性法规 9 件，单行条例 22 件，经济特区法规 1 件，地方政府规章和规范性文件 281 件。有关方面已经修改 30 件、废止 55 件。”②从上述数据可以看出，我国行政法治基本上具备了秩序行政国家的法律体系。

尽管我国目前没有制定行政程序法，但是我国在限制行政权、防止行政肆意与专断方面作出了许多规范性立法及其修改完善，体现我国行政法治在秩序行政和服务行政的协同演进混合局面下，政府部门通过程序法治化方式更多地提供服务行政、福利行政的发展趋势。在实体法方面，如 2003 年出台《行政许可法》（2019 年修订）及 2019 年国务院制定《优化营商环境条例》，展现了服务行政下国家对提供行政许可服务进行了进一步深化；2011 年制定《行政强制法》对秩序行政下行政强制措施和行政强制执行权力进行了实体和程序的全面规范化；1996 年制定《行政处罚法》（2021 年 1 月进行修订），其中行政处罚权下放到乡镇、行政处罚程序全程记录、行政处罚与教育相结合、首违可不罚等规定也体现出我国秩序行政向服务行政倾斜的趋势。在行政救济方面，1989 年制定《行政诉讼法》，2017 年进行修正；1994 年制定《国家赔偿法》，2010 年、2012 年进行修正；1999 年制定《行政复议法》，2023 年 9 月进行全面修订。此外，我国学界也正在紧锣密鼓地进行行政法总则的建设和探讨。

---

① 全国人大常委会法制工作委员会法规备案审查室：《〈法规、司法解释备案审查工作办法〉导读》，中国民主法制出版社，2020，第 62 页；亦可参见全国人大常委会法制工作委员会法规备案审查室《规范性文件备案审查理论与实务》，中国民主法制出版社，2020，第 24~25 页。

② 沈春耀：《全国人民代表大会常务委员会法制工作委员会关于 2020 年备案审查工作情况的报告》，中国人大网，http://www.npc.gov.cn/npc/c30834/202101/239178b5d03944c7b453ddc6bdd7c087.shtml，最后访问日期：2021 年 2 月 23 日。

### （二）政府守法的要求在行政法治实践和行政立法制定过程中亟待提高

依法行政要求全国人大及其常委会制定的法律以及行政机关制定的行政立法得到实施。行政法治的关键在于制定的法律和行政立法得到实施，而法律和行政立法得到实施的关键则在于政府。政府是否尊重法律，对于法治的发展具有重要影响，政府不尊重法律将会破坏法治甚至造成严重灾难。政府和公民均受到法律的约束。公民违法产生的影响一般比行政机关违法产生的影响要小。因此，政府守法是依法行政的重要环节。政府一旦违法也需要承担法律责任，我国《国家赔偿法》等法律机制对行政机关适用赔偿责任。从前文权力机关强化对行政立法的监督措施数据材料可以看到，当前我国行政机关在包括行政立法等行政活动中依然存在违法现象，行政法治的依法行政方面还有待进一步提高。

### （三）司法机关对行政立法的审查力度逐步加大倒逼行政立法改革

从司法机关对行政规范性文件附带审查的裁判情况来看，人民法院主要对行政行为进行合法性判断。我国《行政诉讼法》修正后，受案范围进一步扩大，特别是修改行政行为概念，将行政规范性文件作为附带审查机制纳入司法审查范畴，这是司法对行政机关制定的行政规则的合法性审查的尝试和拓展。特别是随着司法改革的持续推进，比如制定跨区域行政案件审理制度等，人民法院对行政机关的行政行为进行合法性审查的力度加大，人民法院的司法权威不断增强。但是也有学者指出："多个实证研究揭示，规范性文件附带审查的成效不佳。"①

### （四）公民参加行政立法的诉求不断增强大力驱动行政立法改革

从公民权利与行政法治意识来看，公民对行政立法的参与权和建议权

---

① 何海波：《论法院对规范性文件的附带审查》，《中国法学》2021年第3期。

诉求不断增强。随着我国行政法治进程的发展以及普法宣传的推广，公民的权利意识和法治意识都大大得到提升。公民一般都具有运用法律武器维护自身合法权益的意识。对于行政机关涉及自身权利和利益的重大事项，公民常常运用表达权、知情权、参与权，积极参与到行政机关的相关程序机制中维护自身的合法利益。在遇到行政机关非法行政或者使用不合理的行政手段时，公民可运用监督权和建议权，对行政机关进行批评和监督。新中国成立至今已经超过 70 年，改革开放至今也已经超过 40 年，随着一代又一代中国人民的不懈努力，我国行政法治情况与政治经济社会环境整体上一样已经发生了翻天覆地的变化。习近平总书记在党的十九大报告中宣告："经过长期努力，中国特色社会主义进入了新时代，这是我国发展新的历史方位。"① "中国特色社会主义进入新时代，我国社会主要矛盾已经转化为人民日益增长的美好生活需要和不平衡不充分的发展之间的矛盾……人民对美好生活需要日益广泛，不仅对物质文化生活提出了更高要求，而且在民主、法治、公平、正义、安全、环境等方面的要求日益增长。"② 我国公民权利意识和法治水平的提高，对行政机关主导的行政立法权力提出强烈的参与和表达诉求。

## 三　行政法治转型发展对我国传统行政立法模式的变革要求

行政国家和规制国家的发展潮流，行政权的迅猛膨胀扩张造成传统的立法权、司法权等国家权力结构严重失衡与失调。行政权一旦失控必然影响现代民主与法治。"民主理论家应当接纳行政，因为行政是现代政府的核心。"③ 但是沃尔多同时也强调："基于专门知识的行政在美国承载了一种新兴的政治角色，而该种政治角色不能与美国民主理论的平等主义相调

① 习近平：《习近平谈治国理政》（第三卷），外文出版社，2020，第 8 页。
② 习近平：《习近平谈治国理政》（第三卷），外文出版社，2020，第 9 页。
③ 〔美〕德怀特·沃尔多：《行政国家：美国公共行政的政治理论研究》，颜昌武译，中央编译出版社，2017，米勒序第 5 页。

和。"[①] 正是基于对行政国家下行政权的控制考虑，经过世界各国政治家、法学家持续的理论构造以及各国不同的实践尝试，现代民主法治国家在20世纪中后期纷纷确立行政程序立法，通过程序法治主义机制以控制行政权力的恣意妄为，试图重新建构行政国家规制下国家权力运行的均衡制度和保障机制。然而，把脱缰的行政权力巨兽束缚在法治程序的牢笼中并非易事，行政程序机制的建立常常需要历经艰苦的过程。典型的程序法治主义国家如美国，其行政程序法机制的建立亦是如此，美国宪法在立国时就对权力分立机制进行了设定，其规范权力运行的行政程序法的颁布也在两个世纪之后才确立。

我国现代意义上行政程序法治建设之路开启于改革开放以后，尽管起步较晚，但基于对现代民主法治理念和程序法治理念的学习和消化，我国行政程序法治建设发展较快，《行政处罚法》《行政许可法》《行政强制法》对程序法治主义的理念与要求内化为具体的法律规定和机制，以约束行政权的扩张与肆意。特别是中共十八届四中全会《中共中央关于全面推进依法治国若干重大问题的决定》提出了"完善行政组织和行政程序法律制度""健全依法决策机制"的程序法治理念，为我国程序法治主义的建设发展提供了顶层设计和强大推动力。我国行政立法机制作为政府行政权行使的重要工具和手段，也必然体现出程序法治主义的要求和精神。

### （一）行政立法程序变革是我国行政法治发展的内在要求

当前我国正处于全面深化改革和全面依法治国的关键时期，国家治理体系和治理能力现代化建设在加快推进的攻坚时期，行政机关的行政立法机制作为政府规制和治理的重要机制和工具，需要及时与经济社会的发展变革相适应，与全面依法治国、治理体系和治理能力现代化相协调同步。我国行政法治在法律制定和行政立法方面要求行政立法机制科学反映经济社会需求，保障公众在行政立法机制中的民主参与权利，同时还强烈要求行政机关制定的行政规则具有高效性、便于实施性，以有效达成行政规制

① 〔美〕德怀特·沃尔多：《行政国家：美国公共行政的政治理论研究》，颜昌武译，中央编译出版社，2017，米勒序第5页。

目标和任务。基于传统行政立法模式的缺陷与不足，对传统行政立法程序进行变革成为我国行政法治发展的内在要求。

### （二）行政立法程序变革是行政多元争议解决机制的发展需要

行政多元争议解决机制是行政法治体系的重要组成部分，也是国家治理体系和治理能力现代化建设的重要目标。中共十八届四中全会提出“健全社会矛盾纠纷预防化解机制，完善调解、仲裁、行政裁决、行政复议、诉讼等有机衔接、相互协调的多元化纠纷解决机制”，为多元争议解决机制建设提供了制度设计要求和战略部署。行政多元争议解决机制为相关利害关系人在与行政机关的相关争议中提供了参与机会，同时也为表达观点以及利益平衡与磋商提供了平台与便利。传统行政立法的行政主导性和公众参与的间接性、非实质参与性，常常导致行政相对人在行政规则出台后与行政机关就相关行政决策决定进行对抗与博弈，诉讼或者信访等救济频发，造成行政机关与相关利害关系人双方大量资源和时间精力的耗费。这与多元争议解决机制的精神内核不吻合。因此，适当考虑在行政纠纷发生之前以和谐、协商沟通的方式进行预防和化解，需要对传统行政立法方式进行变革。

### （三）行政立法方式变革是行政程序法典化的必要考虑

受现代民主法治国家程序法治主义的影响，我国在利用行政程序法治机制限制行政国家下行政权力恣意与专断方面的实践和措施非常多，程序法治主义的理念已经深入人心。法学界对行政程序法的研究和探讨已达数十年之久，如姜明安教授、应松年教授、马怀德教授等都对行政程序立法作了详尽的论证并草拟了有关行政程序法典草案。[①] 当前主要的行政程序法立法讨论与设计并没有考虑到传统行政主导型行政立法方式的缺陷与不足，我国仍然坚持的是一种秩序行政国家下的管理命令性行政立法方式，

---

① 主要代表有应松年主编《行政程序法立法研究》，中国法制出版社，2005；马怀德主编《行政程序立法研究：〈行政程序法〉草案建议稿及理由说明书》，法律出版社，2005；姜明安等《行政程序法典化研究》，法律出版社，2016。

不能与当前的经济社会发展需要与法治发展要求相协调。因此，适当考虑行政立法的模式变革以适应全面改革开放和全面依法治国新时期新时代的特征，是我国当前行政程序法典化问题讨论的应有之义和必要考虑。

### （四）行政立法模式变革具有域外经验借鉴可能

行政国家和规制国家背景下行政权的约束与限制是一个全球性的问题，不仅仅我国在行政立法的模式与机制上会遭遇挑战。考察其他民主法治国家的行政立法经验，对我国行政立法模式的变革提供思路指引与技术参考，是具有意义的。西方国家如美国20世纪70年代以来的行政立法程序的改革，以及欧盟21世纪初期《欧盟模范程序法典》行政立法的内容与思路，能为我国行政立法机制的变革提供有益进路。

## 四　协商行政立法：作为我国行政立法机制变革的一种可选择进路

“协商行政立法制度”是一个源自美国行政法上的概念，英文原文“Negotiated Rulemaking”通常被翻译为“协商行政规则制定”或者“协商行政立法”[①]，“协商行政立法”的同一个概念英文词语“Regulatory Negotiation”有时候又被称为“规制性协商”[②]。杰弗里·拉博斯教授认为：“协商行政立法程序是一种在拟议规则草案的内容发布之前，将行政机关和诸多受规章影响的利害关系人群体聚集到一起，为了使行政立法草案达成一致协议的目的而进行协商讨论的方法。”[③] 我国行政法学者沈岿[④]、蒋红

---

① 本文统一采用“协商行政立法”的用法，实质上协商行政规则制定和协商行政立法是同一个意思。

② 参见 Hannah J. Wiseman “Negotiated Rulemaking and New Risks：A Rail Safety Case Study,” *Wake Forest Journal of Law & Policy*, Vol. 7，Issue 1（January 2017），p. 207。

③ 参见 Jeffery S. Lubbers，“Enhancing the Use of Negotiated Rulemaking by the U. S. Department of Education,” *Recalibrating Regulation of Colleges and Universities：Report of the Task Fprce on Federal Regulation of High Education*, app. IV（2014），p. 32。

④ 沈岿：《关于美国协商制定规章程序的分析》，《法商研究（中南政法学院学报）》1999年第2期。

珍[①]以及我国台湾地区学者叶俊荣、张文贞[②]等均已关注并研究过美国法上的这一新型行政立法机制。

笔者综合我国行政法学者的已有研究成果并结合对美国法上协商行政立法的认识，试图对协商行政立法作出一个规范性的定义：协商行政立法是行政机关主持召集进行的、由行政机关与相关利害关系人代表组建协商委员会就行政立法草案的制定进行协商并努力达成合意的一种行政程序机制。协商行政立法本质上是行政立法程序中的一种新的程序机制和技术方法。

协商行政立法在美国的兴起源于 20 世纪 70 年代的行政法改革运动，随着美国的多元争议解决机制理念和实践的推动，加上美国行政会议在美国国会立法的大力推进，最终美国国会立法将协商行政立法加入美国法典，使其成为美国行政程序法的一个重要组成部分。[③] 协商行政立法的参加者既包括行政机关（起草行政机关和有利害关系的行政机关），也包括受影响的行政相对人，如公民、法人或者非法人组织等。协商行政立法委员会的成员是与该行政立法项目有重大利害关系的当事人，具有重大利害关系且具有相关当事人的授权代表性。协商行政立法既可以在传统秩序行政领域适用展开，也可以在现当代的福利行政领域以及风险行政领域进行法律适用。

与传统行政机关主导的行政立法的不同之处在于，协商行政立法的参与者，包括行政机关一方和行政相对人一方，通过协商行政立法委员会平等开展行政立法的协商，最终对行政立法的决策享有同等的投票权，实质性地共同决定相关行政立法草案的制定结果。协商行政立法不仅可以在行政立法草案出台之前采用，也可以在行政立法讨论过程中采用，甚至还可

① 蒋红珍：《治愈行政僵化：美国规制性协商机制及其启示》，《华东政法大学学报》2014 年第 3 期。

② 叶俊荣、张文贞：《环境行政法上的协商：我国采行美国“协商式规则订定”之可行性》，《经社法制论坛》1992 年第 10 期。

③ 参见薛刚凌、王霁霞译《美国规章协商制定程序法》，《公法研究》2004 年第 1 期。

以在行政立法草案通过出台以后的修改和废除阶段进行适用。①

协商行政立法作为一种新的行政立法出路方案，能够使得拟制定行政立法草案的各方参加者表达真实利益诉求，通过协商委员会机制平台的充分讨论和磋商达成真正的共识，最终实现行政立法目的的有效落实和实现，从而减少了行政成本耗费，提高了行政效率。而且，在行政立法的这种平等协商、磋商的过程中提高了行政机关和行政相对人双方对行政立法草案条款的认可度和接受度，从宪法角度来讲，其是在某种程度上实现人民民主和行政立法合法性及合理性的来源基础。因此，在当前中国特色社会主义法治建设新时期大背景下，基于我国行政法治转型变革以及行政多元争议解决机制的制度探索，立足于行政法的法典化和行政程序法治完善的需求考虑，认真研究和探讨协商行政立法的必要性和可行性方案，是我国法治国家建设和行政法治发展的重要任务和重要课题。

# On the Reform of China's Administrative Legislation from the Perspective of the Transformation of Administrative Rule of Law

Zhong Yangmin

**Abstract**: China is undergoing an unprecedented period of transformation, and China's administrative rule of law is also undergoing rapid changes simultaneously. China's legislative power organs continue to strengthen the supervision of administrative legislation, the requirements of the law-abiding elements of the

① 参见蒋红珍《论协商性政府规制——解读视角和研究疆域的初步厘定》，《上海交通大学学报》（哲学社会科学版）2008 年第 5 期。

government continue to increase in the process of formulating administrative legislation, the judicial power gradually strengthen the review of administrative legislation, and the demands of citizens to participate in administrative legislation continue to increase. These factors have become the serious legal challenges that China's administrative legislation must face at present. Based on the internal requirements of the development of the rule of law in China's administration, the development needs of the administrative pluralistic dispute resolution system, the necessary consideration of the codification of administrative procedures and the successful experience of the reform of administrative legislation abroad at present, the reform and improvement of traditional administrative legislation procedure in our country are facing new requirements and tasks. As a new administrative rulemaking procedure, negotiated rulemaking provides an alternative approach for the reform of traditional administrative legislation in China.

**Keywords**: Administrative State; Transformation of the Rule of Law; Administrative Procedures; Administrative Legislation; Negotiated Rulemaking

# 基层农业综合行政执法改革的价值、缺陷及路径

陈海华*

**摘要**：面对农业综合行政执法改革的不断深入，不少基层农业农村部门在推进综合行政执法时存在行政处罚实施不畅等诸多问题，需要对执法机制做进一步优化。具体的对策为，将由农业农村部门业务科室实施行政处罚的法律规定修改为由综合行政执法队负责，以解决法律冲突。在执法机构方面，应当统一设置内设机构和装备配置，为执法工作夯实基础。对于执法人员，除了要提高执法人员的业务素质，更要强化对执法人员的监督，从而打造一支高素质的农业执法队伍。

**关键词**：农业　农村　综合行政执法

## 引　言

早在2015年，中央编办就已印发《关于开展综合行政执法体制改革试点工作的意见》，在全国选择138个城市开展综合行政执法体制改革试点。2018年11月，中办、国办印发了《关于深化农业综合行政执法改革的指导意见》，指导新时期农业农村法治建设，各地区按照指导意见逐步推进农业综合行政执法改革工作。随着各地农业综合行政执法改革的持续推进，农业综合行政执法机构整合了种子、兽医兽药、渔业渔政、农业机械等所有农业执法职能，由一个执法机构统一管辖，杜绝执法力量分散的

* 陈海华，杭州市滨江区人民检察院一级检察官，研究方向为检察学。

情况，通过加强制度改革，统筹合并执法资源，建立农业综合行政执法效率高、管理规范的执法队伍。但现阶段的农业综合行政执法依然存在一些问题，影响执法效果。本文通过对部分县级农业综合行政执法实施情况的调查研究，剖析农业综合行政执法存在的不足，并提出改进建议，有助于加强农业行政执法体系建设，积极推进农业综合行政执法工作的全面开展，进而完善当地农业农村法制建设，加快农业农村现代化进程。

## 一　县级农业综合行政执法改革概述

### （一）农业综合行政执法改革的概念

农业综合行政执法是指由特定的行政机关或行政组织，依授权或依委托，在一定范围内综合行使原来由不同农业部门行使的行政处罚权、行政检查权等执法权力。2012年修订的《中华人民共和国农业法》第87条明确规定，县级以上人民政府农业行政主管部门应实行综合执法。2018年，中办、国办印发《关于深化农业综合行政执法改革的指导意见》。2019年，农业农村部办公厅进一步细化出台《关于加快推进农业综合行政执法改革工作的通知》，对农业综合行政执法改革工作进行了全面部署，要求全面整合农业执法队伍，理顺执法与监管的关系，建立健全执法体系，提升执法效率与能力。随后，为了贯彻落实关于实行执法事项清单管理制度的基本要求，农业农村部起草了《农业综合行政执法事项指导目录》（以下简称《指导目录》），在广泛征求社会各方的意见，报请国务院同意之后正式印发。2020年，国务院办公厅又印发了《关于农业综合行政执法有关事项的通知》。该通知明确部署了深化农业综合行政执法改革工作，并且对《指导目录》的全面落实提出一些具体要求。中央“两办”和农业农村部自上而下推动农业综合行政执法改革，深化各级农业农村部门执法机构改革，整合执法职能，是建设社会主义法治政府的重要措施，可促使农业农村部门构建有力的执法保障体系。为了贯彻落实上述文件的精神，各地农业部门均根据本地实际情况，出台了相应的改革措施，并取得了很大的成效。农业农村部也出台了一系列具体规定，配合农业综合行政执法改革。例如，2021 年 12 月通过了《农业行政处罚程序规定》，在第 8 条中规定，县级以上农业综合行政执法机构承担并集中行使行政处罚及相关行政强制、行政检查职能，统一执法。2022 年 1 月修订了《渔业行政处罚规定》，明确了渔业行政处罚的标准、种类等。

县级农业综合行政执法改革旨在全面贯彻落实党的十八届四中全会精神与习近平新时代中国特色社会主义思想，通过统筹规划、整体推进，整合组建起一支由县委县政府统一领导的拥有坚定政治理想与信念的农业综合行政执法队伍，这支队伍要以最广大农民的根本利益为出发点，加强制度性、规范性建设，从而全面实现业务精、素质优、能力强、执法严的改革目标。通过农业综合行政执法深化改革，实现农业执法机构统一设置、执法职能集中行使、执法队伍集中管理、执法装备充分保障，最终打造一支政治坚定、业务专业、执法文明、为民服务的农业综合行政执法队伍。

### （二）农业综合行政执法的主要特征

农业综合行政执法作为农业领域的综合行政执法活动，与其他领域的综合行政执法相比具有一定的共性，但是由于农业领域的一些固有特点，其具有以下特征。

第一，农业综合行政执法季节性、周期性特别强。这是因为农业生产受自然条件的影响比较大，具有明显的季节性，随着季节变化具有稳定的周期性。这些基本特点决定了春耕备耕的关键时期是农资打假执法活动的重要时段。

第二，农业综合行政执法涉及范围广，执法成本高。一是农业综合行政执法涉及领域多，包括畜牧、种子、农药、饲料、农机、渔政、农村宅基地等几十个领域，查处范围大。二是农业综合行政执法对象面广线长，农村地域面积广大，执法对象比较分散，分布在各个村，甚至在偏僻山区等；生猪等畜牧常常需要跨区运输、屠宰，因此在执法时可能需要跨地区执行等，这就要求执法部门投入大量的人、物、财，导致农业执法成本较高。

第三，农业综合行政执法的专业性要求高。农业综合行政执法队员除了要掌握与农业相关的法律知识，还要掌握具体的农业业务。例如：在进行动物产地检疫执法时，必须熟悉动物生产情况，识别动物疫病的常见症状；进行动物饲料执法时，必须熟知假饲料、劣饲料及违法饲料添加剂的准确区别。这就要求农业综合行政执法人员不但要具有执法办案能力，还要具有专业业务能力，这样才能够最终实现高质量执法。

### （三）县级农业综合行政执法改革的价值

尽管我国农业农村法制体系正趋于完善，但县级农业农村局并未适度而高效地运用行政手段，因此农业综合执法体制不顺、人员管理不规范等问题依旧存在，这就需要持续推进农业综合行政执法改革，“充分发挥使其法制外显、法治内化的功能”。①

第一，县级农业综合行政执法改革可以有效地推进农业法治化进程。当前我国有 400 部左右与农业相关的法律、法规，涉及农业产业发展各个方面的职能、职责问题，由于法律依据的庞杂，在传统的县级农业行政执法过程中，出现了多头执法、重复执法等问题。进行县级综合行政执法改革，就是要建立起统一的规范化体系，这既为改革提供了基础保障，又推进了我国农业法制化进程，是我国农业法制化建设的重要举措。例如，渔政、动物防疫、畜牧水产等部门都可行使农业执法权，当出现交叉违法行为时，多个部门同时介入，极易出现错检漏检、重复处罚等问题，导致执法主体职能混乱，浪费执法资源。②

第二，县级农业综合行政执法改革可以加快农业部门职能的转变。改革将传统上由县级农业部门行使的执法权力转移给了县级农业综合行政执法部门，可以促使县级农业部门将职能的重心转移到整体规划与宏观指导

① 田雨婕：《关于农业综合行政执法改革的思考》，《四川经济日报》2021 年 3 月 24 日，第 6 版。

② 王良吉：《农业综合行政执法工作探析》，《现代农业科技》2021 年第 11 期，第 251～252 页。

上来，旨在为农业发展创造更良好的环境，为农民提供更便捷的服务。[①]

第三，县级农业综合行政执法改革可以保障农业产业生产安全与农产品消费安全。综合行政执法，可以形成执法合力，从而加大县级农业产业生产领域与农产品消费领域的整顿力度，维护相关市场的秩序。经过改革，重建各部门职权，由农业农村局执法机构集中执法，解决长期以来内部执法职权混乱的局面，完成农业农村行政执法内设机构的统一规范。

第四，县级农业综合行政执法改革可以促进农业的健康有序发展。执法队员的业务素质和工作能力是实现严肃执法与人性化执法有机统一的前提。执法队员在执法工作中要坚持以人为本的执法理念，树立服务人民意识，不断提升执法队员的业务水平和执法能力。推进农业农村部门综合行政执法更加符合人民群众的实际需求，能够进一步维护其享有的合法权益，切实消除人民群众对农业综合行政执法的抵触心理，并积极配合执法人员的相关工作，正常开展基层农业综合行政执法改革，可以转变传统执法模式，消除相对人对传统执法中存在乱象的抵触情绪，为农业的健康有序发展提供根本动力。

## 二　县级农业综合行政执法改革实践

### （一）农业综合行政执法机构趋于完善

以全面推进依法治国为核心，我国各地为贯彻落实中办、国办印发的《关于深化农业综合行政执法改革的指导意见》，迅速开展执法改革，逐步设立农业综合行政执法机构，规范管理职能，优化管理配置，并组建专业执法人员队伍。例如，2019 年 8 月，浙江省泰顺县委办公室、县人民政府办公室印发《泰顺县农业农村局职能配置、内设机构和人员编制规定》，明确县农业综合行政执法队以县农业农村局的名义统一行使行政处罚权以

① 吕普生：《中国行政执法体制改革 40 年：演进、挑战及走向》，《福建行政学院学报》2018 年第 6 期，第 12～27 页。

及与之相关的行政检查、行政强制权，农机管理总站、动物卫生监督所、植物检疫站、生猪屠宰大队不再行使执法权，改革后，该局共有行政执法主体 1 个，为泰顺县农业综合行政执法队，执法岗位核定人员共计 42 名，实际在岗执法人员共计 12 名，行政执法人员投入 24%。2022 年，全国各级农业综合行政执法人员首次配备执法制服，更标志着农业农村综合行政执法队伍法制化、规范化、标准化迈上了新的台阶。各级农业综合行政执法队伍将以此次换装为契机，努力打造一支作风过硬、执法有力、纪律严明、群众满意的农业执法“铁军”，充分展现农业农村部门的权威形象。

### （二）农业综合行政执法成效显现

执法效能是行政执法的重要追求目标，农业农村局在日常监督、管理过程中采用多种方式，不断提升执法队执法效能。农业综合行政执法队通过查处各类案件，形成教育、惩罚影响力，进一步稳定农业的生产经营秩序。经查询浙江省某县农业农村局年度行政执法统计年报，2018 年至 2021 年，该县农业行政处罚案件数从 8 件提高至 58 件，农业综合行政执法成效不断提高（见图 1）。

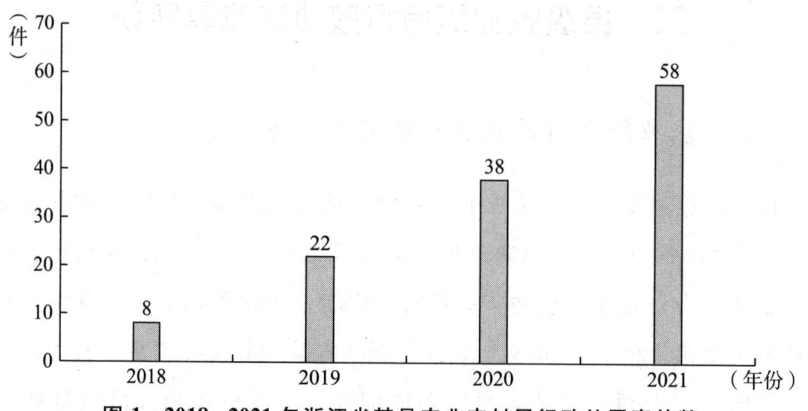


图 1　2018~2021 年浙江省某县农业农村局行政处罚案件数

### （三）农业综合行政执法影响力增强

浙江省某县级农业综合行政执法大队以“3·15 放心农资下乡进村”

等各类活动为载体，利用电视、新媒体、发放宣传资料等形式，紧紧抓住农产品安全这一主线，多形式开展《动物防疫法》《农药管理条例》《兽药管理条例》《浙江省动物防疫条例》等农产品质量安全方面的法律法规宣传活动。经过一系列的广泛宣传，在农村营造了打假保农的良好社会风尚，也逐步提高了广大农民群众的法律意识，使其自觉抵制各类假劣农资物品流入经营市场。

### （四）农业综合行政执法队伍正规化

提高执法水平和业务素质是县级农业综合行政执法队伍建设的关键途径，县级农业综合行政执法队伍要创新学习方式，采取单位组织、选派、现场指导等形式，不断提升执法人员政治素质、法律技能和业务技能。根据原省法制办统一规定，浙江省农业综合行政执法人员须统一参与农业专业法律知识、通用法律知识培训，并通过闭卷考试，取得浙江省行政执法证，据此具备开展农业综合行政执法工作的办案资质。

## 三　当前县级农业综合行政执法存在的缺陷

### （一）农业综合行政执法立法层面问题

虽然我国当前农业相关法律法规众多，但是现有成立农业综合行政执法机构的唯一法律依据来源于《农业法》的第十一章：县级以上地方人民政府农业行政主管部门应当在其职责范围内健全行政执法队伍，实行综合执法，提高执法效率和水平。这是农业综合行政执法机构在机构设立方面的法律依据，但有些条文出台后未跟随形势变化及时修订，规范内容较为滞后；另外，有些条文规定过于笼统，缺乏实操性，致使在农业综合行政执法中仍存在法律规定不足的现象。

### （二）农业农村部门内设机构设置问题

在当前县级农业综合行政执法工作中，行政监督管理和行政处罚、行政许可是三种重要工作，在日常工作中遇到行政监督管理相关工作时，行政管理、行政执法、行政许可之间关系并不明确，行业主管科室与农业综合行政执法机构都不明确相关事项具体应该由哪个科室负责，各主管科室与农业综合行政执法机构依然存在一定的冲突和矛盾。这是因为原畜牧兽医科、渔业管理科、种植业管理科、农田建设科、农机管理科等科室的执法职能由执法队统一行使，但是当前缺少相应的配合机制，致使各科室配合不畅。根据相关规定要求，行政审批、行业监管、行政执法各项工作应互相分离，有序开展，但由于各科室配合不畅，实践中出现了职责不清、管理混乱等诸多问题。

### （三）农业综合行政执法队伍问题

第一，农业综合行政执法人员专业性不强。农业综合行政执法队伍中法律专业人才匮乏，基层农业执法队伍未系统地学习过相应的法律法规知识，由于基层农业农村部门缺少法律专业人才，执法人员大多是从专业技术人员中选拔，影响执法工作正常开展。农业综合行政执法改革后，原多个部门的执法职能合并为农业综合行政执法大队，大部分工作人员属于半路出家，其农业行政执法专业能力需要提高。同时，一名执法队员需要面对多个专业执法领域，执法队员无法全面掌握各领域的专业知识，执法队专业性有所欠缺。以浙江省某县农业农村局为例，执法一队的队员需要承担全县种子、食用菌种、农药、肥料、饲料和饲料添加剂、兽药、种畜禽、初级农产品等方面的执法检查和行政处罚，因执法领域过多，执法队员无法充分掌握各专业知识。

第二，农业综合行政执法人员执法积极性不高。由于县级农业农村公务员编制少，执法人员大多是事业编制，不能参照公务员管理，又无法将技术成果用于职称评定，导致一些执法人员缺乏获得感，这在一定程度上影响了执法人员的工作积极性。虽然当前县级农业综合行政执法工作量大幅度增加，但执法人员数量增加较少，执法人员配备明显不足。执法难度大、工作强度高，都是当前人员不愿加入执法队伍的原因。此外，实践中存在混编混岗等现象，导致执法人员不足的问题越发严重。以上各种原因直接影响了执法队伍的稳定性。

第三，农业综合行政执法人员经费与装备保障不足。县级农业综合行政执法机构未设立专项执法经费预算。县级农业综合行政执法涉及面广，经常需要外出办案，实际工作量非常庞大，需要必要的经费支撑才能够开展执法办案，因此设立专项执法经费预算非常重要。但是，目前县级农业综合行政执法机构执法经费依然为人头经费，农业行政执法运行经费、执法装备建设经费等方面未建立专项经费项目，无法确保能够满足执法需要。县级农业综合行政执法机构执法装备配备严重不足。执法装备是农业综合行政执法工作有效开展的基础保障，也是建设运行高效、保障有力的执法队伍的基本要求。2019 年 6 月，农业农村部颁布了《全国农业综合行政执法基本装备配备指导标准》，要求统一全国各级农业执法装备标准，但是经费需要地方财政保障，部分农业农村部门未能按照该标准采购执法装备配备。

### （四）农业综合行政执法监督问题

近年来，农业综合行政执法工作面临的环境比以往任何时期都要复杂，农业生产经营领域违法行为日趋隐蔽、违法手段日趋多样、执法环境日趋复杂，对农业行政执法人员依法履职尽责，严格、公平、公正、文明执法提出了更高要求。[①] 在农业执法进行集中管辖改革后，配套的监督体制却没有完全建立起来，导致县级农业综合行政执法纵向监管不足。随着《土地管理法》等相关法律法规的修订，农业农村部门的执法任务越来越繁重，一部分农业农村部门寄希望于自然资源和规划部门来承担一部分职责。此外，因农业综合行政执法的特殊性质，各地农业综合行政执法队员处在执法活动的第一线，而农业综合行政执法行为又具有很强的时效性，加之行政执法的广泛性和复杂性，往往会使得行政监督出现滞后的情况，无法及时有效地制约执法权力的行使，出现监督缺位现象。实践中，往往

---

① 徐静：《论提升农业执法人员法治思维的建议》，《农民致富之友》2018 年第 4 期，第 59 页。

是已经造成了实际危害后果再来善后处理，这样不仅未能防患于未然，还常常造成执法工作的被动，导致行政监督的弱化。

## 四　优化县级农业综合行政执法的对策

### （一）完善农业综合行政执法立法体系

为防止基层农业综合行政执法主体分散、多头执法、法律冲突等问题，应进一步规范全国立法工作，修改或者取消与农业综合行政执法改革冲突的条款，以利于建立权责统一的农业行政执法规范。首先，必须要改革现行农业行政执法部门分散现状，加快建设集中统一的农业行政执法体系；建议立法机关修订农业相关法律法规，将涉农法律的执法主体明确指向农业综合行政执法机构，从法律层面赋予农业综合行政执法机构完整的执法职责。其次，针对农业综合行政执法法律规定不足这一问题，相关部门应尽快完善立法，围绕以建立集中高效的农业综合行政执法体制为核心，将分散于各科室的农业行政执法职责整合规范，基层农业单位原内设机构依法继续做好行政许可等行政管理工作，但不再承担相关的行政处罚职能，保证农业综合行政执法有法可依。最后，在今后的法律法规和规章中，不再在农业领域进行授权立法，将执法职能交给综合执法机构，对地方性法规中有授权执法的规定予以清理。

### （二）统一农业综合行政执法机构设置与人员配置管理

从农业综合行政执法机构职责承担的角度来看，其主要行使与农民利益切身相关且直接施加义务或制裁的强制、处罚等权力，而基于强化的法治政府理念检视，理应统一设置为行政机构，原设置为事业单位的机构，一律变更为行政机构。为了避免各县执法改革步伐不一致导致交流困难，上级农业部门应按照综合行政执法任务的分工与轻重，统一机构设置，制定人员配置方案。理顺机构设置与人员配置，可以有效地促进行政执法纵向统一、横向协调，对提升农业综合行政执法行政效能具有很强的现实意义。[①]

### （三）提升农业综合行政执法人员执行力

第一，明晰农业综合行政执法人员职责。因为执法职责以及监管职责本身存在一定的交叉，所以基层农业综合行政执法大队成立后，必须明确执法大队的执法职责以及其他监管部门的职责，明确不同部门工作期间的行为边界以及详细可操作的职责分工。2021 年 8 月，农业农村部为了规范农业综合行政执法人员履职管理，根据《公务员法》《公职人员政务处分法》等相关规定，制定了《农业综合行政执法人员依法履职管理规定》，明确规定农业综合行政执法人员要遵循职权法定、权责一致、过责相当的原则。加强县级农业综合行政执法能力的首要任务便是明确综合执法部门的具体职责。执法边界清晰，可以有效促进行政执法人员规范文明执法，避免行政执法人员怠用职权、滥用职权。[②] 农业综合行政执法机构主要行使执法环节中的行政处罚权及相关的行政强制权，行政许可、行政奖励等工作仍由原专业科室负责。

第二，提升农业综合行政执法人员整体素质。农业综合行政执法人员是开展农业行政执法工作的主导力量，其工作专业能力和综合素质直接决定着案件的质量和效率。为此，基层农业农村局要贯彻落实执法人员能力提升要求，不断加大对执法人员的各项培训力度，有效推动强化办案指导，不断提高执法人员的工作能力素质。一是严把考试录用关，应通过统一招考方式，按照公开、平等、竞争、择优的原则，引入更多的人才，充实执法人员队伍。二是强化日常培训制度，通过执法人员业务培训与实践培训，树立执法程序意识，掌握执法技巧，提升现有执法人员的综合素质，增强执法能力。三是对执法人员要强化政治思想教育、作风纪律教育，使其坚定社会主义理想信念，树立责任和廉政意识，切实提高工作的

---

① 陈杨炀：《从环保机构垂直管理制度改革地方实践看人力资源优化管理》，载《劳动保障研究会议论文集（十）》，四川劳动保障杂志出版有限公司，2021，第 2 页。

② 沈建军、王京星、李雯瑶：《深化综合行政执法体制改革的乐山实践及对策建议》，《中共乐山市委党校学报》2022 年第 2 期，第 102~108 页。

主动性，为农业综合行政执法打造高效廉洁的专业执法队伍。

第三，提高农业综合行政执法人员待遇。首先，建立合理的职务职级晋升机制，从根本上解决基层执法人员晋升难的问题。其次，构建加班调休补助制度，对加班人员予以一定的补助，或予以调休。再次，完善津补贴制度，对于特殊岗位的行政执法人员予以津贴、补贴，且要在财政预算上规范津补贴制度，避免缺少预算导致津补贴无法落实到位。最后，应建立意外保险防范机制，为特殊岗位的行政执法人员购买人身保险。

第四，落实农业综合行政执法经费、装备保障。基层政府财政部门和农业农村部门要充分保障执法条件，研究落实执法经费要求，为基层农业综合行政执法机构创造良好的执法环境。针对县级地区财政紧张的问题，建议各级农业农村部门自上而下设立农业执法专项经费，不仅要在同级的财政预算中设立专项经费，还要设立农业综合行政执法运行经费、设备经费及罚没物品处置经费。要加强对农业综合行政执法专项经费落实情况的督导，确保财政部门落实经费保障，确保满足农业综合行政执法的工作需要。基层综合行政执法的装备标准化、统一化不仅体现了法律的权威性，更展现了执法队伍良好的执法形象，是保障基层综合行政执法有效开展的重要基础。严格遵守中央和上级部门关于农业综合行政执法基本装备的标准，合理规划基层执法装备的配备与管理，在执法装备配置方面，要进一步落实执法执勤专用车、制式执法服装等方面的需求，保证基层综合行政执法工作有效开展，完成执法装备方面的规范化和标准化建设要求。同时要针对执法装备制定年度实施计划，在同级财政预算中纳入执法经费，以此来推动基层综合行政执法的顺利开展。对于已采购的执法装备要实施强化管理，制定科学合理的使用计划，指定专人负责管理和维护工作，定期对执法装备进行维护、补充和更新，完善执法装备管理使用台账记录，防止出现遗失的现象，从而进一步加强执法装备规范化建设。

### （四）构建信息共享机制

在执法队与其他业务科室之间构建信息共享机制，强化执法机构和行业管理等多个内设部门的配合，充分发挥各个内设部门的优势，形成工作合力。构建信息共享机制，首先，可以有效地提升农业综合行政执法效率，便于案件查办、案件溯源。其次，可以增强各部门之间的配合度与协调性。最后，可以有效地弥补执法队相关专业知识的不足，便于执法工作的开展。明确执法队与业务科室之间的分工，执法队与其他业务科室既要注重联系，又要明确分工。厘清各自的工作范围，既能节约执法成本、提高执法效率，又能避免各部门间推诿扯皮，避免有些工作抢着干，有些工作没人干的乱象。

### （五）统一农业综合行政执法队伍的监督制约

农业综合行政执法易于隐蔽，难以监督，致使实践中存在行政执法有法不依、执法不严、违法不究、滥用职权等违法现象。因此必须要筑牢监督体系的“铜墙铁壁”，构建完善的执法监督体系。一是要制定严格的自由裁量标准和程序，规范综合行政执法机构自由裁量权的行使，杜绝权力寻租等沉疴积弊，保障行政相对人的合法权益不受损害。二是要继续推进上级部门对农业行政处罚案卷的评查工作，以使办案结果受到监督。三是要全面推行行政处罚公示制度，畅通外部监督渠道，接受公民的批评监督。只有坚持监督跟着权力走，系统性地梳理工作流程，保证执法工作的各个环节都置于监督之下，做到事前有预防、事中有预警、事后有审查，才能有效地避免权力被滥用。

## 五　结语

加强农业综合行政执法建设，提升农业执法水平，是实施乡村振兴战略的迫切需要，也是建设社会主义法治国家的必然要求。在我国全面依法治国的总体纲领中农业农村法制建设属于一个重要组成部分，农业农村法律法规的全面落地、有效维护农民合法权益乃至国家粮食安全都会直接受到农业行政执法成效的影响。[①] 农业综合行政执法改革并不是简单的权力重组和人员整合，而是完全打破原有多部门分散执法格局，重新进行职

① 农业农村部法规司：《全面整合农业行政执法队伍　深化农业综合行政执法改革》，《中国机构改革与管理》2019 年第 2 期，第 13~16 页。

能、机构、人员的优化组合，并以此为基础，着力推进权力运行机制和执法方式创新，实现依法治农、依法兴农、依法护农，为农业高质量发展提供更加有力的法治保障。

# On the Reform of Comprehensive Administrative Law Enforcement in Agriculture

Chen Haihua

**Abstract**: Faced with the continuous deepening of the reform of comprehensive administrative law enforcement in agriculture, many grassroots agricultural and rural departments face many problems such as poor implementation of administrative penalties in promoting comprehensive administrative law enforcement, and further optimization of the law enforcement mechanism is needed. The specific countermeasure is to modify the provision that administrative penalties should be imposed by the business departments of the agricultural and rural departments in accordance with the law to be the responsibility of the comprehensive administrative law enforcement team, in order to resolve legal conflicts. In terms of law enforcement agencies, internal institutions and equipment configuration should be uniformly established to lay a solid foundation for law enforcement work. For law enforcement personnel, in addition to improving their professional skills, it is also necessary to strengthen their supervision, in order to build a high-quality agricultural law enforcement team.

**Keywords**: Agriculture; Rural Areas; Comprehensive Administrative Law Enforcement

# 三　民商法研究

# 公司瑕疵决议追认的理性思辨与制度构建

## ——以《民法典》实施背景下的商事行为为分析视角

王　静　陈碧玉*

**摘要**：以民事追认可否适用于公司决议为切入点，在《民法典》实施背景下，探讨民事法律行为的一般规则如何与商事行为衔接适用。梳理关于公司瑕疵决议可否追认、如何追认的裁判差异，指出困惑根源在于瑕疵决议追认制度缺失、可否援引民事追认认识不一。对瑕疵决议可追认进行三维证成：从构建融贯个体法和团体法的法律行为一般理论及民商合一的法律行为解释框架之角度进行体系证成；从决议"多数决"等核心特性均能在法律行为理论框架内得以消化、决议追认与民事追认调整范畴可类比之角度进行逻辑证成；从价值平衡、过渡时期效力认定之角度进行功能证成。回应实务困惑，以可追认范围—追认方式—追认的法律效果为框架构建瑕疵决议追认制度。

**关键词**：《民法典》　商事行为　公司瑕疵决议　追认

## 引　言

在《中华人民共和国民法典》（以下简称《民法典》）民商合一的立法体例下，探讨民事法律行为的一般规定可否适用、如何适用于商事行为，不仅具有完备私法概念体系的理论意义，更具有指导商事行为如何找法、用法的实践价值。以公司决议为例，《民法典》已将决议纳入法律行

* 王静，法学硕士，北京市丰台区人民法院审判管理办公室（研究室）主任，四级高级法官，研究方向为民商法学；陈碧玉，法学硕士，北京市第二中级人民法院民三庭审判员，四级高级法官，研究方向为民商法学。

为体系，但《民法典》及《中华人民共和国公司法》（以下简称《公司法》）并未规定决议的效力补正机制，效力争端只能诉诸司法。传统民事法律行为理论中，事后追认系效力补正的重要方式，通过追认可使法律行为溯及有效。基于建立现代公司治理制度、合理划定公司自治边界、优化司法资源配置之考量，实有必要探讨公司决议作为典型的商事行为，能否参照一般民事法律行为之追认制度，使得瑕疵决议在诉讼程序外得有“自愈”之机会，提升公司决议的安定性。民事追认探索瑕疵决议追认制度的构建，亦可为其他民事法律行为理论与商事领域的衔接适用提供借鉴。

## 一　困境：公司瑕疵决议可否追认、如何追认

从中国裁判文书网已公开的文书数量来看，涉及公司决议效力纠纷的案件正逐年增多，[①] 对法院审理资源的占用呈持续膨胀之趋势。分析相关案例发现，自行治愈决议瑕疵在公司治理过程中并不鲜见，如重新作出内容瑕疵决议、补正程序瑕疵决议等。但因这些救济方式没有纳入现行法律明确规定，发生争议进入司法程序后，因无相关具体认定规则，类案的处理结果并不一致。

### （一）个案透视司法之问

从检索到的涉公司决议效力纠纷来看，对于瑕疵决议可否追认、可以何种形式追认、追认的法律效果，实务中均有存疑之处，以下以典型案例说明。

#### 1. 进退之间：公司瑕疵决议追认的“可”与“否”[②]

**【案例 1】**甲系 A 公司股东，2016 年 2 月 A 公司就资本变动及股东变更形成股东会决议。后甲诉至法院称决议上其签名系伪造，要求确认决议

① 笔者在中国裁判文书网中，以公司决议纠纷、公司决议效力确认纠纷、公司决议撤销纠纷为案由检索 2015~2020 年的文书，2015 年涉及该三项案由的裁判文书总数为 679 份，2016 年为 2600 份，2017 年为 3979 份，2018 年为 4972 份，2019 年为 5536 份，2020 年为 4792 份，数量上升趋势明显。

② 案例 1 参见（2016）粤 0112 民初 3138 号、（2019）粤 01 民终 2201 号判决书。

不成立。一审法院认为，A公司未提交证据证明其召开了涉案股东会并对决议事项进行表决，故判决确认决议不成立。A公司上诉，二审法院认为，甲虽未在争议决议上签字，但其之后签名同意的股东会决议中，体现并包含了争议股东会决议的内容，可以视为对案涉争议股东会决议的追认，故撤销一审判决，驳回甲的诉讼请求。

该案中一、二审法院的分歧在于，当股东会决议存在召集和表决程序上的瑕疵时，能否以新的符合程序要求的决议追认瑕疵决议的内容，溯及既往地使得瑕疵决议的效力得以补正，从而剥夺相应股东有关否认公司决议效力案件的胜诉权。一审法院严格把控决议的程序要求，认定决议不成立，而二审法院则明确提出了“追认”股东会决议之概念。一、二审法院的分歧恰恰反映了司法实务的追问，公司瑕疵决议究竟可否追认？

**2. 类案之争：以行为表明追认决议的“存”与“废”**[①]

**【案例2】**A公司于2002年设立，甲、乙各出资一半，经营期限为10年，2012年股东会决议将经营期限延长至20年。甲于2015年诉至法院，称前述决议中其签名系伪造，要求确认决议无效。A公司辩称甲直至2014年依然持续以公司名义对外联系业务，延长公司经营期限系甲真实意思表示。法院经审理认为，案涉决议上的甲的签字经鉴定系伪造，甲在原经营期限届满后仍从事公司经营活动，不足以构成对延长公司经营期限股东会决议的追认，故判决确认决议无效。

**【案例3】**甲、乙共同出资设立A公司，该公司经2009年、2012年两次增资，甲缴纳全部增资款，出资比例大幅上升。2019年乙向法院起诉，称两次增资股东会决议其均未参会，决议上其签名系假冒，要求确认该两次决议不成立。法院经审理认为，虽乙的签名经鉴定确非本人所签，但其在增资后近十年一直使用记载了注册资本的公司营业执照开展经营活动，在公司股东仅为两人的情况下，其本人未增资，理应知道系甲出资，且近十年未提出异议，应认定为对案涉决议内容知晓并同意，决议内容系其真实意思表示，故判决驳回乙的诉讼请求。

---

① 案例2参见（2015）海民（商）初字第02725号、（2016）京01民终5906号判决书；案例3参见（2020）京0106民初4017号、（2020）京02民终9663号判决书。

上述两个案例从判决措辞来看，均认可公司决议可追认，分歧在于，当股东会决议存在未通知股东、伪造股东签名等程序瑕疵时，相应股东能否以自己的行为表明接受决议内容，并进一步构成对决议的追认。《最高人民法院关于适用〈中华人民共和国公司法〉若干问题的规定（四）（征求意见稿）》曾在第 8 条[①]将“股东以自己的行为明确表示接受决议内容”作为追认表决权的情形之一，但该条在正式稿中被整体删去。股东虽未参会、未签名，但实际知晓决议内容且较长时间未提出异议，甚至以决议内容为基础从事进一步经营活动，究竟可否视为对决议的认可，进而补正表决权瑕疵，肯定决议效力，只能在个案中交由法官裁量，类案不同判由此产生。

**3. 欲语还休：以程序裁驳实现“近似追认”的“是”与“非”**[②]

**【案例 4】** 甲系 A 公司股东，该公司 2013 年 5 月 6 日的股东会决议存在召集程序瑕疵，后甲诉至法院要求撤销决议。在案件审理过程中，A 公司作出新决议，新决议内容与前决议一致，且程序合法。一审法院经审理认为，因新决议的作出，发生撤销前决议的效果，且新决议程序、内容均无问题，甲已失去诉讼基础，故判决驳回其诉讼请求。二审法院则认为，因新决议作出，类于原决议撤销，涉诉法律关系归于消灭，甲的起诉不再具有诉的利益，判决撤销一审判决，驳回甲的起诉。

上述案件中，因在先决议存在瑕疵，故 A 公司事实上系以新决议追认前决议，但法院未能明确以追认及其相应的法律效果为由驳回原告诉讼请求。一审法院判决行文间表现出确认后续决议追认效力的倾向，但因无明确的法律依据而不被二审法院支持。二审法院保守地选择了在当前法律环境下最为稳妥的处理方法，即在程序法的层面驳回原告的起诉，从而避免了对涉诉决议实体上法律效力的讨论。虽然该做法表面上赋予了后决议近似追认的法律效果，但其漏洞在于，依照程序法裁驳只适用于原告请求法

---

① 《最高人民法院关于适用〈中华人民共和国公司法〉若干问题的规定（四）（征求意见稿）》曾在第 8 条明确规定了存在股东明确表示同意决议内容、股东以自己的行为明确表示接受决议内容、作出新的决议实质认可股东诉讼请求三种情形之任一种时，对于股东提出的撤销决议的诉讼请求不予支持。

② 案例 4 参见（2013）兴民二初字第 577 号、（2014）南市民二终字第 153 号判决书。

院认定前决议在被追认后无效的情形；而在过渡期内，因原决议还存在，所以法院并不能仅依程序法规定对原告有关过渡期内决议效力的诉讼请求进行裁驳。可见，这种“近似追认”的法律效果并不能解决瑕疵决议在过渡期内的法律效力问题。

### （二）定性引出争议实质

2017 年颁布的《中华人民共和国民法总则》（以下简称《民法总则》）第 134 条①对决议行为的民事法律行为性质进行了确认，终结了有关决议是否属于法律行为的性质之争。《民法典》亦延续了这一规定。一方面，公司决议基于团体成员行使表决权的意思产生相应法律后果，是法律拟制的人即公司进行意思表示的结果，属于法律行为；另一方面，公司决议制度属于团体法范畴，公司决议是根据一定程序和规则按照多数决的方式将参与决议成员的意思集合起来，效力及于全体成员，与个人法意思表示制度中的协商一致或者合意并不完全相同。简言之，公司决议作为典型的商事行为，既有符合民事法律行为特点的一般性，又有商事行为的特殊性。由此，一般民事法律行为的补正理论不能当然适用于决议行为，前述司法案例争议的实质为，在民商合一的法律框架内，如何融贯个体法与团体法上的法律行为理论，兼顾决议的民事法律行为一般属性和商事行为特殊属性，进而讨论民事追认可否适用于商事领域。

## 二　思辨：公司瑕疵决议可适用追认之多维证成

实务中对瑕疵决议可否追认的纠结迂回、态度不一，正因立法态度尚不明确，而学界对此亦无统一认知。因此，有必要从体系解释角度入手，通过理论溯源，结合价值功能需求，探讨公司瑕疵决议追认制度是否有必要构建、如何构建。

---

① 该条规定，民事法律行为可以基于双方或者多方的意思表示一致成立，也可以基于单方的意思表示成立。法人、非法人组织依照法律或者章程规定的议事方式和表决程序作出决议的，该决议行为成立。

### （一）体系证成：公司瑕疵决议追认之体系解释

#### 1. 构建融贯民商的法律行为体系之立法思路

《最高人民法院关于适用〈中华人民共和国公司法〉若干问题的规定（四）》（以下简称《公司法司法解释四》）贯彻了决议之法律行为理论，规定了决议不成立制度，并对决议无效、撤销后善意相对人的保护作出规范。《民法总则》及《民法典》进一步将决议行为归入民事法律行为，肯定其具有一般民事法律行为的共性。同时，法典中有关营利法人、捐助法人的决议撤销制度实则体现了对《公司法》上撤销制度的仿制，[①] 相关规定激活并沟通了团体法中两大类规则——搭建社团议事方法的规则与协调社团各参与者之间权利义务关系的规则，二者在决议效力评价层面得以衔接。

前述立法思路彰显了对协调团体法上的法律行为和个体法上的法律行为的积极尝试。在此背景下，反观法律行为的效力补正规则，则呈现个体法上规范较为成熟而团体法上相关规定缺失的现状。具体到决议行为领域，并无类比于民事追认的决议追认制度。

#### 2. 法律行为规则应作为公司决议纠纷之法源补充

在公司法未规定或规定不足时，基于《民法典》确立的决议行为与法律行为特殊与一般的关系，有关法律行为的规定应作为法源补充适用于公司决议纠纷，[②] 以体系解释方法对商事特别法规则未及之处加以融贯。决议行为虽是典型的商事行为，但其效力规则的制定不可完全另起炉灶，而应由法律行为的效力规则出发，纳入决议行为在行为结构和组织法因素上的特别考量，加以有机结合。[③] 有关其效力补正规则亦不可完全脱离法律行为的效力补正理论，应借鉴民事追认制度加以构建，否则易造成形式上民商合一实质上民商分立的混乱局面。

构建公司瑕疵决议追认制度一方面可补足法律行为追认制度的完整性

① 参见《民法典》第 85 条、第 94 条，《公司法》第 22 条。

② 周淳：《组织法视阈中的公司决议及其法律适用》，《中国法学》2019 年第 6 期。

③ 毛快：《对股东大会决议可撤销之诉效力规则的检讨》，《中国政法大学学报》2019 年第 2 期；许中缘：《论商事规范的独特性而非独立性》，《法学》2016 年第 12 期。

和系统性，另一方面相关理论或可类推适用于业主大会决议、农民集体决议等其他决议行为，从而丰富决议行为的共通性法律规则体系。[①] 认可公司瑕疵决议在一定条件下可追认，符合构建融贯个体法和团体法的法律行为一般理论和民商合一的法律行为解释框架的体系需要。

### （二）逻辑证成：公司瑕疵决议追认之类比论证

#### 1. 去伪存真：公司决议可否适用追认之论证逻辑

部分论者针对决议行为与一般民事法律行为的不同，认为公司决议行为是团体法上的法律行为，与其他民事法律行为在意思表示结合方式、程序正义要求等方面都有着极大的区别，[②] 因此，决议不适用法律行为一般理论。具体到追认的适用上，亦有研究从公司治理秩序的规范化、决议不宜效力待定、新决议否认瑕疵决议非追认应有之义等角度，反对瑕疵决议可追认。[③]

事实上，前述论者片面放大了决议行为的特殊性，法律行为概念系对法律秩序所认可的各类型具体法律行为现象的抽象，但并非每一现象的特性都能在抽象过程中得以彰显，抽象过程亦包含对各类法律行为特性的包容。[④] 若将个体法上依具体法律行为原型所构建的法律行为作为法律行为的全部，将意思表示的一般规则作为法律行为的一般规则，[⑤] 则决议自然难以落入片面认知下的法律行为框架内，在此基础上对决议可否追认的论证亦呈片段式，得出的结论难逃“白马非马”之误。为了从根源上探讨决议行为是否适用追认制度，应遵循以下论证逻辑：一是类比决议行为和一般法律行为的区别，探讨该区别能否在法律行为理论框架内得以消化；二是类比民事追认制度适用的范围，考察对决议的追认能否落入该适用范

① 吴玲玲：《股东会瑕疵决议诉讼中补正制度研究》，硕士学位论文，浙江师范大学，2020。

② 王雷：《论我国民法典中决议行为与合同行为的区分》，《法商研究》2018 年第 5 期。

③ 李玲：《股东“追认”股东会决议是否有效》，《人民法院报》2010 年 8 月 4 日，第 7 版；熊锦秋：《对违反法规流程行为不宜简单“追认”》，《证券时报》2017 年 1 月 11 日，第 A3 版；辛雨灵：《公司瑕疵决议制度之检讨》，《研究生法学》2018 年第 5 期。

④ 〔德〕维尔纳·弗卢梅：《法律行为论》，迟颖译，法律出版社，2013，第 37～39 页。

⑤ 瞿灵敏：《民法典编纂中的决议：法律属性、类型归属与立法评析》，《法学论坛》2017 年第 4 期。该文对决议行为属于法律行为却不适用一般法律行为理论的悖论进行分析，指出了悖论根源并加以消解。

围，从而就决议可否适用法律行为一般理论、是否可追认得出整体性的、体系自洽的结论。

2. **拂尘见金：公司决议可适用追认之逻辑展开**

讨论决议行为可否适用一般民事法律行为理论，进而可否适用追认制度，不应仅着眼于个别差异片面展开，而应建立在全面准确把握二者异同的基础上。一般民事法律行为以合同行为最为典型，而共同行为与决议行为亦有类似之处，对照梳理如表 1 所示①。

**表 1　合同行为、共同行为与决议行为之对照**

| | 合同行为 | 共同行为 | 决议行为 |
|---|---|---|---|
| 所属领域 | 个体法 | | 团体法 |
| 意思表示构成 | 单层：以要约、承诺双方的意思表示为典型 | 双层一致：1. 共同行为人个体意思表示；<br>2. 作为共同行为的意思表示 | 双层嵌套：1. 个体表决权人相互独立的意思表示；<br>2. 作为决议结果的团体意思表示 |
| 意思表示方向 | 内容相对应、方向相反 | 1. 所有成员的效果意思、表示意思、表示行为方向上具有同一性；<br>2. 与最终的共同行为意思亦具有同一性 | 1. 成员个体意思彼此可能并行相同、并行不同，也可能对立相反；<br>2. 个体意思表示与社团决议的意思表示可能内容及方向相同或不同 |
| 意思形成机制 | 以要约、承诺达成合意 | 全体一致决 | 多数决 |
| 意思约束机制 | 只约束作出意思表示订立合同的当事人本人 | 约束全体表意人 | 约束全体社团成员（包括少数意见者以及未行使表决权的团体成员） |
| 个体意思表示瑕疵对行为效力的影响 | 导致行为效力瑕疵 | | 个体意思表示瑕疵原则上不影响决议效力，除非该瑕疵致使决议行为的召集程序不存在或者严重瑕疵，或者影响到决议行为多数决表决方式的实现 |
| 立法规制重心 | 意思表示真实，“合意”达成 | | 决议行为的过程及程序，“合意”达成 |

① 对于决议行为与法律行为区别的论述，参见薛波《〈民法总则〉对商事关系的包容性及表现——兼论决议行为立法问题》，《中南大学学报》（社会科学版）2016 年第 1 期；王雷《论民法中的决议行为——从农民集体决议、业主管理规约到公司决议》，《中外法学》2015 年第 1 期。

由表1可知，决议行为与一般民事法律行为最核心的区别体现为：一是决议采取多数决的意思表示形成机制，决议结果对团体全体成员包括少数派都具有法律约束力；二是在决议效力上不仅强调意思表示真实，还强调召集、表决的程序性，且对程序性事项的违反会影响效力评价；三是公司作为拟制的人，民法上意思表示理论中关于错误、欺诈、胁迫、心中保留等基于自然人主观心理的瑕疵判断，很难直接适用。[①] 但决议的前述特性均能够在法律行为理论框架内得以消化，并不阻却追认制度的适用。

一是“多数决”并未超出法律行为“私法自治”框架。单个表决作为意思表示蕴含了两层效果意思：其一，表示赞同、反对或者弃权的直接意思，指向内容已确定的提案；其二，通过投票达成共同意志的间接意思，指向团体“共同目的”。决议对少数派的拘束力就来自其“投票”之意思表示中所包含的这层间接效果意思，决议行为不违背少数派的意思自治。[②]

二是“程序性”亦未超出法律行为结构之涵摄范围。法律行为在结构上包括作为构成要素的意思表示和意思表示之间的构造规则，后者对于涉及众多意思表示的决议行为尤显重要。[③] 只要打破固有的只关注意思表示而忽略构造规则的认知惯性，便会发现决议的程序性特点，恰可纳入意思表示之间的构造规则来考量，法律行为理论对决议的可适用性并不存在涵摄范围上的障碍。

三是“可追认”不因法律拟制而存在认定障碍。传统民法理论中，民事法律行为的追认，是指享有追认权之人对效力未定的民事法律行为在事后予以承认的一种单方意思表示。[④] 从我国现行立法来看，《民法典》规定的民事追认制度适用情形如表2所示。

---

① 钱玉林：《股东大会决议的法理分析》，《法学》2005年第3期。

② 孔洁琼：《决议行为法律性质辨——兼评〈民法总则〉第134条第2款》，载解亘主编《南京大学法律评论》2019年春季卷，南京大学出版社，2019。

③ 瞿灵敏：《民法典编纂中的决议：法律属性、类型归属与立法评析》，《法学论坛》2017年第4期。

④ 汪国献：《试论民事行为的追认及其效力》，《法律适用》1999年第3期。

**表 2　《民法典》规定的追认情形**

| 《民法典》条文 | 追认之具体情形 |
| --- | --- |
| 第 19 条、第 22 条、第 145 条 | 限制民事行为能力人所实施的民事法律行为，可因法定代理人追认而有效 |
| 第 168 条、第 171 条、第 503 条 | 无权代理行为，可因被代理人追认而有效 |
| 第 923 条 | 转委托行为未经委托人同意，可经委托人追认而有效 |
| 第 984 条 | 无因管理中管理人管理事务可因受益人事后追认而成立委托合同关系 |
| 第 1064 条 | 夫妻一方以单方名义负债，可因另一方事后追认而构成夫妻共同债务 |

可见，民事追认主要适用于从事民事法律行为在主体资格、权限范围上的瑕疵，并不涉及独属于自然人主观心态的瑕疵，非自然人主体亦应可适用。公司作为拟制的人，要求其遵照一定的程序作出决议，违背相关程序性要求则欠缺约束全体成员之正当性，类比于一般民法法律行为上的主体资格（行为能力）欠缺；而在内容上的瑕疵则属于违反法律、公司章程为公司设定的权力边界或是逾越公司内部分权界限，可归结为权限欠缺，类比于一般民事法律行为在权限范围上的瑕疵。二者之对照如表 3 所示。

**表 3　可追认行为对照**

<table>
<tr><th>行为类型</th><th colspan="2">瑕疵类型</th></tr>
<tr><td rowspan="3">一般民事法律行为</td><td>主体资格瑕疵<br>（行为能力欠缺）</td><td>权限范围瑕疵<br>（超越行为权限）</td></tr>
<tr><td>本质：对要为的法律行为不具备与之相对应的认识能力</td><td>本质：具备相应的识别能力，但客观上不具备相应的权限</td></tr>
<tr><td>表现：限制行为能力人实施民事法律行为</td><td>表现：1. 处分权限欠缺；2. 代理权限欠缺</td></tr>
<tr><td rowspan="2">决议行为</td><td>程序失当<br>（行为资格欠缺）</td><td>权限欠缺<br>（逾越权力界限）</td></tr>
<tr><td>本质：未经法律、公司章程规定的程序作出决议行为</td><td>本质：1. 违反公司章程为公司权力设定的边界；2. 逾越公司内部分权界限</td></tr>
</table>

可见，基于合理的解释展开，决议行为存在适用追认制度之空间，其可行性不存在根本障碍。

### （三）功能证成：公司瑕疵决议追认之现实需求

#### 1. 决议稳定、商事效率之公司自治功用

严格的决议程序要求系为了保障股东在充分知情的前提下平等参与决策，保护中小股东权益。如在程序瑕疵获得补正后，相关股东的实际权益并不受侵害，则程序正当的制度目的业已实现，若仍僵化追求绝对的程序正义，对瑕疵决议的效力一概作出否定性评价，则基于该决议作出的公司经营行为、对外交易行为的法律效力亦面临重新评估。虽《民法典》第85条规定营利法人决议被撤销后，依据该决议与善意相对人形成的民事法律关系不受影响，对外交易行为的有效性得到法律支持，但决议亦会针对公司内部治理作出，如管理层的任免等，该类决议效力上的不安定，亦会对经营成本、交易效率造成负面冲击。赋予公司在一定条件下自行“治愈”瑕疵决议之可能，系在程序正当与效率、稳定等之间寻求价值平衡，其平衡点在于从法律层面规范并界定可“自愈”的规则和边界。相关制度构建亦可较大程度避免公司决议遭到滥诉，客观上兼获节约司法资源之效果。

此种价值平衡考量在大陆法系国家德国的立法例中亦可得到印证。德国是最典型的采取公司瑕疵决议追认制度的国家。早在1956年，德国就有判例认为，如果公司以一份新的决议追认之前的瑕疵决议，那么该瑕疵决议就已经被新的决议所取代，也即不存在再被撤销或认定无效的可能。①此后公司瑕疵决议追认制度被引入《德国股份法》第244条，② 作为股份法下可撤销决议之诉的重要补充。该制度在一定程度上为公司提供了一种消除可撤销决议司法风险、保障可撤销决议法律效果稳定性的自力救济手段。③ 美国普通法下，追认亦作为衡平法救济的一种，弥补普通法在解决

① 〔德〕迪特尔·梅迪库斯：《德国民法总论》，邵建东译，法律出版社，2000，第406页。

② 现行《德国股份法》第244条规定：如果股东大会已通过一新决议追认某可撤销决议，且该可撤销决议并未于法定期限内被提起撤销之诉，或已被一生效的终局裁决驳回起诉，则不可再对该可撤销决议提起撤销之诉。

③ 单泽宇：《构建公司瑕疵决议追认制度——基于美、德制度的研究》，硕士学位论文，华东政法大学，2020。

公司瑕疵决议上的局限性与不稳定性，实体法上《特拉华州通用公司法》《美国模范商业公司法》先后在 2013 年、2016 年规定了公司瑕疵决议追认制度。可见，商业效率与程序正当之价值平衡，不仅停留在理性思辨层面，亦有相关立法例之实践。

2. **过渡时期效力认定之实务衔接功用**

若将对瑕疵决议的追认仅仅定性为放弃旧决议，作出新决议，则自新决议作出之时，相应决议内容可获得效力正当性，但该处理方式规避了作出瑕疵决议到作出新决议这段时间瑕疵决议的效力讨论。《德国股份法》第 244 条规定的追认制度明确指出，除非有当事人对瑕疵决议过渡期间的法律效力存在利害关系，否则被追认的瑕疵决议应被视为自始无瑕疵。[①] 美国相关立法亦均肯定追认产生溯及既往治愈瑕疵的法律效力。[②] 将追认制度引入商事领域，则瑕疵决议可因追认而溯及既往获得有效性，避免了效力讨论的真空地带，从效力体系上看更为自洽和周延，也更便于确认过渡时期基于瑕疵决议形成的一系列商事活动的有效性。

## 三　进路：公司瑕疵决议追认之制度构建

在我国立法语境下，明确追认瑕疵决议之必要性及可能性后，在借鉴相关立法经验的同时，结合我国公司治理的现状及与相关法律制度的协调配合，可从以下方面考虑建立具有本土化特点的瑕疵决议追认制度，作为现有裁量驳回制度的延伸和补充[③]。

---

① 《德国股份法》第 244 条第 2 句规定，如果原告的合法权益要求在追认决议作出前这段时间内宣布有争议的决议无效，那么他可为这一目的继续提出异议，要求宣布有争议的决议在这段时间内无效。该规定并不剥夺利害关系人请求法院认定瑕疵决议从作出到被追认期间无效的诉讼请求权。

② 美国地方立法及《美国模范商业公司法》均明确了追认公司瑕疵决议发生溯及既往之效力。

③ 现有的裁量驳回制度对会议召集程序或者表决方式仅有轻微瑕疵，且对决议未产生实质影响的，不支持股东的撤销请求权。裁量驳回制度的体系性意义在于补充过于宽泛的瑕疵决议救济制度的准入条件，是平衡瑕疵决议救济与决议稳定的司法调整手段，参见南玉梅《公司瑕疵决议诉讼中裁量驳回规则的建构与适用——兼评法释［2017］16 号第 4 条》，《法学评论》2018 年第 6 期。

### （一）可追认瑕疵决议之范围：可撤销决议

我国现行《公司法》确立了公司决议瑕疵类型认定的“三分法”，即决议无效、可撤销及不成立。瑕疵可以被治愈，是适用追认制度的前提。[①]对于无效决议，因其无效事由系决议内容违反法律、行政法规，该违法性不应通过追认这一用于体现意思自治的方式得到治愈，因此无效的公司决议不具有可追认性。不成立的决议系有严重的程序瑕疵欠缺集体意思的外形，不宜通过追认“无中生有”。可撤销的公司决议是意思形成过程与方法的瑕疵，而非意思形成结果的瑕疵，其天然存在补救的需要与可能。决议机关可以无瑕疵的过程与方法形成相同的意思，实无限制其效果发生的必要。故可撤销决议应可适用追认，依照《公司法》的规定，可撤销决议可被分为三类：一是内容违反公司章程；二是召集程序和表决方式违反公司章程；三是召集程序和表决方式违反法律、行政规章。这三类瑕疵决议构成可追认决议的主要类型。

### （二）瑕疵决议之追认方式：以同主体追认为原则，以交叉追认及股东追认为例外

**1. 新决议追认**

传统民事法律行为的追认系由具备相应行为能力或权限的权利人作出的，由其来补正被追认行为主体在能力或权限上的不足，追认人与作出被追认行为的主体往往并非同一人。而对于可撤销公司决议，无论是程序失当还是内容违反章程，均可以通过符合程序要求的公司决议加以补正，这是由决议的特殊行为规则决定的，可撤销决议需要补正的仅是构造规则的正当性，而非意思表示主体本身在资格、能力上的天然不足。故标准意义上公司决议的追认是指作出决议的主体通过再作出一个程序合法、与原决议内容相同的新决议，从而治愈原决议的过程。严格来说，股东会、股东大会之决议只能由股东会、股东大会追认，董事会之决议只能由董事会追

① 钱玉林：《股东大会决议瑕疵的救济》，《现代法学》2005 年第 3 期。

认，此即为同主体追认之原则。

然而，决议机关的定位与职能不同，决策过程与权力构造的内容也随之变化，该差异亦对追认决议之正当性评价有所影响。股东（大）会之决议只能由原主体追认应无疑问，仅是在决议内容违反公司章程时，需经股东（大）会特别程序予以追认，同时发生变更章程之效果。值得探讨的是董事会决议的追认主体有无例外。董事会与股东会的最大差异在于董事就其行为向公司和股东负责。因此，董事会决议程序违反法律、行政规章、公司章程时，一般应由董事会作出追认；但董事会决议内容违反公司章程时，应当允许股东会通过特别程序加以追认，此时的股东会决议可视为对章程相应条款的修改和对董事会的具体指令。但需注意，在董事会决议被追认的情况下，除非股东一致同意追认或者形成有效的免责决议，否则董事违反信义义务而应承担的个人责任不一定就此免除。①

**2. 股东事后追认**

从理论上看，股东个体表决权瑕疵与决议瑕疵并不存在必然的因果关系，只有当出现表决权瑕疵的个体单独或共同构成关键票时，表决权瑕疵将导致整个共同法律行为的瑕疵，即决议瑕疵；反之则不会。② 但在前述关键票数的表决权瑕疵导致决议瑕疵时，可考虑对相关表决权的补充而实质上构成对决议的追认。

在有限责任公司中，股东人数较少，人合性较强，其权限分工与议事规则尽可由股东通过合意自行安排。当表决权瑕疵造成决议瑕疵时，应当允许相应的股东通过对其表决权的追认，达到治愈股东会决议的目的，构成实质上对瑕疵决议的追认。同时，援引民事上默示追认的原理，该事后追认既可以口头或书面的形式作出，也可以通过一定的行为进行推定。③

---

① 周淳：《组织法视阈中的公司决议及其法律适用》，《中国法学》2019年第6期。

② 单泽宇：《构建公司瑕疵决议追认制度——基于美、德制度的研究》，硕士学位论文，华东政法大学，2020。

③ 民法上的追认有明示追认和默示追认之分，默示追认又分为积极的默示追认和消极的默示追认，前者指从本人的言语、行为中推断其追认，后者指单纯的沉默行为。单纯的沉默行为是否构成追认有争议，但积极的默示追认可成立追认应无疑问。如《民法典》第503条规定，被代理人开始履行合同义务或者接受相对人履行的，视为对无权代理合同的追认。

例如表决权瑕疵对应的股东在决议作出后，以其在参与公司经营过程中的行为表明其对于决议的作出“知情且同意”，可构成对瑕疵决议的追认。

公司的公共性越强，公司意志与成员个人意志的分离程度越高，民主决策与程序正义对其影响就越重大。对于股份公司而言，股东大会是股东的“议政”之地，不仅承担选举和议事职能，也有表达和信息提供功能，应限制通过追认表决权来追认决议之应用，将追认主体严格限制为股东大会。

不同主体作出的瑕疵决议可否追认、以何种方式追认详见表4。

**表4　瑕疵决议追认方式**

<table>
<tr><th colspan="2" rowspan="2">瑕疵类型</th><th rowspan="2">董事会决议</th><th colspan="2">股东会决议</th><th rowspan="2">股东大会决议</th></tr>
<tr><th>表决权瑕疵</th><th>非表决权瑕疵</th></tr>
<tr><td rowspan="2">决议可撤销</td><td>程序违法、违反章程</td><td>董事会追认</td><td>股东追认或股东会追认</td><td>股东会追认</td><td>股东大会追认</td></tr>
<tr><td>内容违反章程</td><td colspan="4">股东（大）会特别程序追认</td></tr>
<tr><td colspan="2">决议不成立、无效</td><td colspan="4">不可追认</td></tr>
</table>

此外，追认瑕疵决议会决定瑕疵决议的法律效力，为了避免追认决议被企业滥用钻空，防止公司反悔追认行为，以股东（大）会、董事会决议形式追认的决议，应当及时将相关追认决议向工商行政管理部门进行备案登记，固化追认决议的法律效果。

### （三）追认瑕疵决议之法律效果：自始有效

民事追认制度中，法律行为被追认后自始有效，溯及力是追认最为重要的特征，是立法者基于实证主义的选择，[①] 该选择赋予追认以法律效力上向前补足的应有之义。对于决议的追认，亦有解决瑕疵决议作出至被追认之过渡时期法律效力的需要。无论是着眼追认制度本质，还是为维护商事活动之稳定，均应赋予追认行为溯及既往的效力补正功能。质言之，追

① 〔德〕维尔纳·弗卢梅：《法律行为论》，迟颖译，法律出版社，2013，第1075~1076页。

认决议生效后，被追认决议自始被视为决议内容符合公司章程，召集程序、表决方式符合法律、行政法规、公司章程。

以前述逻辑构建的瑕疵决议追认制度与现有裁量驳回制度关系如图 1 所示。

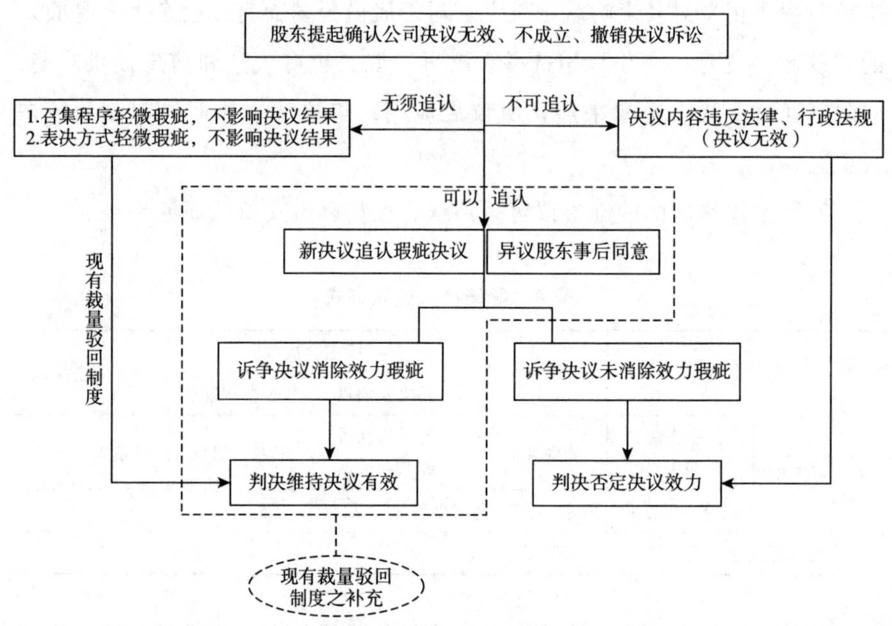


**图 1　追认制度与现有裁量驳回制度关系示意**

效力判断并非单纯的法律推演，亦包含立法者的价值判断。基于意思表示构造上的差别及民商领域不同的价值衡量，在本文论证体系下，追认在民事法律行为效力体系中的定位与追认在决议行为效力体系中的定位既有一脉相承之处，又有所区分和演进。而该种继承式的发展，正是探讨民事法律行为理论如何有所变通地适用于商事行为的题中之义，该探索将有益于民商合一的法律行为解释框架的构建。

## 结　语

决议作为特殊的法律行为，虽不能直接套用一般法律行为的效力规则，但二者在抽象本质上仍可借鉴适用。公司决议的效力补正，应在充分考虑商事逻辑的前提下，寻求既符合现实需求又体系自洽的解释方法。以决议行为如何适用追认为切入点，探讨民事法律行为理论如何适用于商事行为，为《民法典》与商事特别法的衔接适用提供可供参考之实例。在此基础上展开的制度构建和立法建议，有益于完善公司治理，提升司法效率。

# Rational Thinking and Institutional Construction Recognized by the Company's Defective Resolution

## —From the Perspective of Commercial Behavior in the Context of the Implementation of *the Civil Code*

Wang Jing, Chen Biyu

**Abstract**: Taking whether civil posthumous recognition applies to company resolutions as the starting point, this paper discusses how the general rules of civil legal acts are applied in conjunction with commercial behavior in the context of the implementation of the Civil Code. Sort out the differences in adjudication on whether and how to recognize defective resolutions of companies, and point out that the root cause of confusion lies in the lack of a posthumous recognition system for defective resolutions, and the different understandings of whether civil recognition can be invoked. Three-dimensional proof of the retrospective recognition of defective resolutions: Systematic verification from the perspective of constructing the general theory of legal acts that integrates individual law and group law and the interpretation framework of legal acts that integrate civil and commercial law. From the perspective that the core characteristics such as "majority decision" of resolutions can be digested within the framework of legal behavior theory, and the scope of resolution recognition and civil recognition adjustment can be compared, this can be logically proven. Functional certification is carried out from the perspective of value balance and the determination of the effectiveness of the transitional period. In response to practical confusion, a defective resolution recognition system is constructed based on the legal effect of retrospective scope-retrospective recognition method-posthumous recognition.

**Keywords**: *Civil Code*; Commercial Behavior; Corporate Defect Resolution; Recognition

# 长三角地区个人破产协同立法的基础与突破[*]

任　江　朱文艳[**]

**摘要：** 个人破产制度具有帮助自然人退出市场、促进其复产复工、增加市场活力的重要功能。比较当前各地相关实践举措可以发现，在破产申请条件、债务人主体资格与破产和解等债务清理的具体路径方面，各地区均存在一定的差异，不利于加速区域经济的恢复。当前，长三角地区已经具备了设立个人破产统一制度的事实基础和规范基础，可在现有法律制度框架内进行协同立法，即应以协同立法解决当前试点中发现的问题，以破产原因诱因、债务豁免比例、道德风险防范三项制度破解传统商业理念对个人破产制度建设的制约，以此推进区域个人破产协同立法，为我国个人破产制度积累实践经验。

**关键词：** 个人破产　协同立法　长三角

当个人独资企业、个体工商户、合伙企业等主体资不抵债时，其出资自然人须对债务承担无限连带责任。这种债务责任本属正常商业风险，法律并无直接干预的充分必要，但受新冠疫情的影响，我国民营经济主体，特别是抗压能力较差的小微民营企业、个体工商户等商主体，受到了近乎前所未有的巨大冲击，大量中小企业主、商自然人面临极为严峻的经济形势。法律若不为其设立必要的市场退出机制以摆脱债务负担，“整个社会

---

* 本文系浙江省习近平新时代中国特色社会主义思想研究中心专项课题“‘四个自信’引领下的中国特色社会主义民事权利理论实践经验研究”（项目编号：22CCG11）的阶段性成果。

** 任江，法学博士，温州大学法学院副教授，硕士生导师，研究方向为民商法学；朱文艳，温州大学法学院民商法学硕士研究生，研究方向为民商法学。

都要支付巨大的成本”。[1] 在这一背景下，深圳以及长三角地区等在立法、司法层面开展了个人破产、个人债务集中清理等相关试点工作。鉴于我国不同区域经济发展水平与自然人从事生产经营性投资活动的现实状况均存在较大差异，在国家尚未公布个人破产相关立法规划以前，优先在经济发展紧密性程度较高、具有一定协同立法基础的地区，开展跨区域个人破产协同立法[2]工作，是当前促进个人参与市场投资活动、小微商主体复产复工的有效立法举措，长三角地区即具备了区域个人破产的现实基础。浙江、江苏两省开展的个人债务集中清理工作，业已为此积累了一定的司法实践经验，但各地在个人债务免除的认定标准、清偿比例等方面，又存在较多的差异。本文拟从长三角地区司法实践经验切入，比较既有相关规范文件，分析长三角地区个人破产协同立法的基础和立法重点，希冀能对我国当下的民营经济繁荣、小微商主体的复产复工有所裨益。

## 一　个人破产地方司法实践中的主要问题

2019 年 2 月，最高人民法院发布了《最高人民法院关于深化人民法院司法体制综合配套改革的意见》，该意见指出：“研究推动建立个人破产制度及相关配套机制，着力解决针对个人的执行不能案件。”仅在 5 个月后，最高人民法院与国家发改委、中国人民银行等 13 个单位联合发布的《加快完善市场主体退出制度改革方案》（发改财金〔2019〕1104 号）指出，“研究建立个人破产制度，重点解决企业破产产生的自然人连带责任担保债务问题”，“最终建立全面的个人破产制度”。2020 年 5 月，中共中央、国务院发布的《关于新时代加快完善社会主义市场经济体制的意见》再次提出“推动个人破产立法”。在这一系列政策文件推动下，各地对此积极响应，逐步探索我国本土化的个人破产模式。其中，浙江省、江苏省

---

① 刘冰：《论我国个人破产制度的构建》，《中国法学》2019 年第 4 期。

② 文中的“立法”指广义的立法，包括制定地方性法规，也包括出台规范性文件，故文中的“协同立法”实指协同制定规范性文件。为表述方便，仍以“协同立法”指代。采取广义“立法”含义的另一目的在于即使我国未来出台了“个人破产法”，论文的论证逻辑与结论仍可适用于长三角地区省级法院以协同方式出台统一的个人破产裁判标准。

率先在司法审判中“破冰”，推出了个人债务清理程序、类个人破产工作指引，并发布了相关指导案例，但两地的司法裁判标准并不统一。浙江省在个人债务集中清理方面实现对个人破产制度的探索破冰，截至2020年9月30日，全省共受理个人债务集中清理案件237件，其中共计办结个人债务集中清理案件147件，涉案债权人685人，涉及债务额约2亿元。[①]截至2022年9月，江苏省确定苏州、南京、徐州等10个设区市两级法院和其他市的2个基层法院为全省试点法院。三年来，全省共受理“与个人破产制度功能相当”的案件378件，已结案232件，72名债务人免责，清偿债务2000余万元；30名债务人因不符合条件被驳回申请。[②] 对浙江省、江苏省已审结的典型个人债务集中清理案件进行分析，提取相关要件，得到表1。

**表1　个人债务集中清理典型案例情况**

| 案件简称 | 蔡某案 | 李某成案 | 沈某案 | 卫某案 | 沈某、方某案 |
|---|---|---|---|---|---|
| 受理法院 | 温州市平阳县人民法院 | 温州市瓯海区人民法院 | 湖州市长兴县人民法院 | 无锡市锡山区人民法院 | 南通市海门人民法院 |
| 破产原因 | 股东对破产企业承担连带清偿责任 | 公司经营不善 | 经营不善；为朋友提供担保 | 拖欠建筑工人薪资 | 为亲属经营对外举债 |
| 拥有表决权债权人 | 4位 | 21位 | 14位 | 未披露 | 16位 |
| 债务总额 | 214万元 | 2056万元 | 232万元 | 8.3万元 | 160万元 |
| 清偿比例 | 1.5% | 48.455% | 4万元优先债权全部清偿，其余部分6年内清偿21.45% | 92.16% | 每期清偿15%，3年内分4期清偿完毕，累计清偿60% |
| 后续清偿方案 | 家庭年收入超12万元部分的50%用于清偿 | 按约清偿后剩余债务豁免 | | 按约清偿后，剩余债务豁免 | |
| 免责考察期 | 6年 | 3年 | 6年 | 无 | 3年 |

① 参见徐建新等《先行先试积极探索 稳妥推进债务清理——浙江高院关于个人债务集中清理（类个人破产）工作情况的调研报告》，中国法院网，https://www.chinacourt.org/article/detail/2020/12/id/5679935.shtml，最后访问日期：2022年6月6日。

② 参见《江苏：深化执破融合改革 持续优化法治化营商环境》，国家发展和改革委员会网站，https://www.ndrc.gov.cn/fggz/fgfg/dfxx/202210/t20221025_1339229.html，最后访问日期：2022年6月6日。

续表

| 案件简称 | 蔡某案 | 李某成案 | 沈某案 | 卫某案 | 沈某、方某案 |
|---|---|---|---|---|---|
| 考察期的监督措施 | 每年申报家庭年收入与偿还情况；行为限制 | 行为限制 | 行为限制 | 无 | 行为限制 |

资料来源：蔡某案、李某成案参见《温州破产法庭发布 6 起个人债务集中清理典型案例（2019—2020 年）》，“温州市中级人民法院”澎湃号，https://m.the-paper.cn/newsDetail_forward_10534971，最后访问日期：2022 年 6 月 8 日；沈某案参见《湖州法院两案例入选 2021 年浙江法院破产审判十大典型案例及个人债务集中清理十大典型案例》，“湖州市中级人民法院”微信公众号，https://mp.weixin.qq.com/s/FtffLAQUxq5EGnuCCt8H6Q，最后访问日期：2022 年 6 月 8 日；卫某案参见《无锡法院 2021 年度优化法治化营商环境十大案例》，无锡法院网，http://zy.wxfy.gov.cn/article/detail/2022/05/id/6670691.shtml，最后访问日期：2022 年 12 月 10 日；沈某、方某案参见程炎《个人债务集中清理模式下个人破产的处理》，《人民司法（案例）》2021 年第 20 期。

由表 1 可知，江、浙两地典型案件在破产原因、后续清偿方案和免责考察期等方面存在较大差异，影响债权人回款数额和债务人未来一段时期的生活质量，而这些常常是债权债务双方关注的焦点和决定个人债务清理方案能否被债权人会议表决通过的关键。以蔡某案和沈某案为例，两案件的债务总额相近，但最终清偿方案和比例不尽相同。蔡某案中债权人首次仅获得 1.5%的清偿，未来能获清偿数额未知，而沈某案中债权人最终清偿比例将达到 21.45%，债权人回款数额差距显著但债务人适用相同的免责考察期。此外，在李某成案和沈某、方某案中，二者免责考察期相同，最终清偿比例较为相近，但债务总额和最终清偿数额相差十倍有余。个人破产案件中，法院自有因债务人自身情况各异而作出不同方案的自由裁量权，但对比各地个人债务清理典型案件中的要素可以发现，即使将法院自由裁量权作为影响因素，部分差异所产生的结果依然可能超过社会公众的接受范围，易引发舆情，更不利于向社会公众普及、推广个人债务集中清理或个人破产制度，即使这种结果差异的产生可能有其合理性。

一言以蔽之，各地法院审理个人债务集中清理案件的依据和标准不一、执行力度不同，长此以往将会影响公众对这一制度的信任，对司法公信力造成不必要的减损，甚至可能产生权力寻租空间，使债权人的回款期望落空，对个人破产制度丧失信心。尽管不同地区司法体系的人力和财力等客观基础以及司法机关治理水平确实存在差异，但法治必然以平等、公正为核心价值追求，即使受制于客观条件而无法避免地出现地区差异，亦应以立法方式将差异限制在合理范围内。尽早在具备现实基础条件的地区开展区域个人破产立法，方能有效回应当下司法实践中的问题。

## 二　长三角地区个人破产协同立法的现实基础

立法基础问题解决的是立法何以可能的问题，其通常包括制度产生的事实基础和规范基础。[①] 事实基础指向经济基础发展、国家政策导向、社会现实需求等法律之外的社会客观存在，规范基础则指向既有问题解决的规范性文件。

### （一）事实基础：经济、政策与现实需求

经济基础层面，长三角地区经济发展高度融合。截至 2020 年末，长三角地区约占我国陆域总面积的 3.7%，人口超过 2.3 亿，地区生产总值约 244713 亿元，约占全国生产总值的 25%，[②] 区域内商事交易往来频繁，其内部已逐步形成较为科学的产业分工与固定的市场要素流向，[③] 在产业发展类型上，既存在良性竞争，更有密切的分工合作与产业互补，区域内企业、企业投资人呈现明显的跨行政区域交易常态化的态势，是我国经济发展活跃度、协作度最高的主要地区之一。这种常态化的跨区域投资活动与生产经营活动必然会涉及跨地区的债权债务关系问题。

在国家立法导向层面，个人破产协同立法符合国家对长三角区域经济一体化发展的规划和全国统一大市场建立的蓝图。中共中央、国务院于 2019 年 12 月印发实施《长江三角洲区域一体化发展规划纲要》，要求长三角区域“建立地方立法和执法工作协同常态化机制，推动重点区域、重点领域跨区域立法研究，共同制定行为准则，为长三角一体化发展提供法

---

① 参见〔美〕卡尔·威尔曼《真正的权利》，刘振宇等译，法律出版社，2015，第 18 页。

② 依据《2021 全国统计年鉴》数据计算。参见《2021 全国统计年鉴》，国家统计局网站，http://www.stats.gov.cn/tjsj/ndsj/2021/indexch.htm，最后访问日期：2022 年 5 月 28 日。

③ 参见陈婉玲、陈亦雨《我国区域经济一体化的命题逻辑与法治进路——以长三角一体化为视角》，《法治现代化研究》2021 年第 4 期。

规支撑和保障”。“长三角地区已经逐步形成了‘三层四级’的区域协调机制，但囿于行政区划分割和地方利益保护，许多政策性壁垒依然存在。”[①] 为促进一体化协作，可先从四地利益分歧小、协同意愿强的领域入手，开展协同立法，循序渐进，积累经验，[②] 而个人破产可有效化解“执行难”问题，给予资不抵债的债务人重新回归市场的机会，进而激发市场主体活力，具有显著社会经济效益。地区以及部门之间的壁垒较小，有利于建立地方立法协同常态化机制，符合协同立法由易到难的方针。此外，2022 年 3 月 25 日，《中共中央、国务院关于加快建设全国统一大市场的意见》正式发布，要求加快建立全国统一大市场制度规则，打破地方保护和市场分割，打通制约经济循环的关键堵点，促进商品要素资源在更大范围内畅通流动。一方面，个人破产协同立法正是从制度建设角度着眼于统一市场主体的退出规则，清理废除妨碍公平竞争的制度规则，促进全国统一大市场的建设；另一方面，该意见强调，市场基础制度应统一规则，建立健全统一的社会信用体系，以完善的个人征信体系实现对债务清偿的有效监督，力除债务人恶意逃债等妨碍市场发展的行为，破除个人破产法律制度构建的壁垒。这些政策目标的实现均有赖于在实践中尽快积累相关经验。

在社会需求层面，受新冠疫情影响，全社会亟须加速复产复工，繁荣商事交易市场。新冠疫情防控时期，我国民营经济主体，特别是抗压能力差的小微民营企业以及个体工商户，遭到了不小的冲击。以 2022 年 3 月上海市的经济数据为例，在 2022 年前 4 个月，上海市固定资产投资、社会消费品零售总额分别下降 11.3%和 14.2%；4 月社会消费品零售总额同比下降 48.3%，进出口总额同比下降 36.5%。[③] 一方面，疫情防控期间要求减少外出和聚集，减少人员流动和交叉，导致部分行业的消费总需求大幅减少，短时期内难以完全恢复。另一方面，随着经济一体化的深入，产

---

① 陈建军、黄洁：《长三角一体化发展示范区：国际经验、发展模式与实现路径》，《学术月刊》2019 年第 10 期。

② 参见汪彬彬《长三角区域立法协同研究》，《人大研究》2021 年第 3 期。

③ 文中所用数据根据《2022 年上海月度数据》计算。参见《2022 年上海月度数据》，上海市统计局网站，http://tjj.sh.gov.cn/ydshj/index.html，最后访问日期：2022 年 6 月 1 日。

业供应链不断扩展，部分企业在疫情影响下停产停工，致使处于某一环节中的经济体产业链断裂，难以继续生产和销售。受疫情影响，苏州 2022 年前 4 个月工业总产值增速同比下降 0.5%，南京、无锡、合肥、宁波等长三角城市工业总产值均出现不同程度回落。由于规模较小的市场主体在银行的信用额度不高，很难获得金融机构的贷款支持，更谈不上通过发行债券、股票等方式从资本市场筹措所需资金。在资金缺乏和经济要素流动停滞的双重困境下，小微企业主、商自然人面临着复工复产成本上升、债务负担持续增加等难题。个人破产作为一个社会的基础性商事制度，既可为自然人等市场主体提供合理的市场退出渠道，又不会对金融安全造成冲击，起到保护自然人人身与财产权利的功能，[①] 故当前探索适合我国国情的个人破产制度显得尤为紧迫与必要。

### （二）规范基础：个人破产规范文件比较

地方立法具有实施性和从属性，但同时也具有先行性和实验性的特点，在国家尚未制定法律或行政法规之前，地方在法律框架内，有权根据本地区的实际需要进行先行立法。[②] 从总结单一地方经验到跨区域协作立法经验，再到全国统一立法，能够有效提升国家立法的实践性。

浙江省各级法院试行了个人债务一次性清理程序，采取和解的方式清理个人债务，这种方法类似于破产和解制度，浙江省各地方法院为此出台了可操作性较强的指导意见。[③] 2020 年 12 月，在总结辖区法院个人债务清理案件审理经验的基础上，浙江省高级人民法院发布了《浙江法院个人债务集中清理（类个人破产）工作指引（试行）》（以下简称《浙江个人债务集中清理指引》）等文件，进一步规范此类案件的具体操作流程和审理方法。浙江省将个人债务集中清理的受案范围限定在债务人“作为被执

---

① 参见龙光伟《深圳破产审判年刊（2019）》，人民法院出版社，2019，第 139 页。

② 参见李步云、汪永清《中国立法的基本理论和制度》，中国法制出版社，1998，第 222 页。

③ 如台州市中级人民法院出台的《执行程序转个人债务清理程序审理规定（暂行）》，温州市中级人民法院出台的《关于个人债务集中清理的实施意见（试行）》，遂昌县人民法院出台的《关于个人债务重整的实施意见（试行）》。

行人的强制执行案件”,[①] 以借助现有的执行法律制度，开展个人债务清理与个人债务和解。在指引内容上，大量采用了自由财产、失权复权和债务豁免等个人破产特有制度。2021 年 12 月 7 日，江苏省高级人民法院发布了《关于开展“与个人破产制度功能相当试点”工作中若干问题解答》（以下简称《江苏类个人破产解答》），对试点工作中的重点问题进行解答并发布了典型案例。江苏省的类个人破产程序[②]参照我国企业破产法的原则，旨在使处于民事执行程序中一部分“执行不能”的案件退出执行程序，减轻债务人社会保障负担，保护其创业积极性，也给“诚实而不幸”的个人获得重新恢复正常生产、生活能力的机会。2021 年 3 月 1 日起施行的《深圳经济特区个人破产条例》（以下简称《深圳个人破产条例》），作为我国第一部关于个人破产的地方立法，标志着我国自此开启了个人破产领域的立法实践探索，其“对于构建完整的现代破产制度和市场退出制度，营造稳定、公平、透明、可预期的国际一流法治化营商环境有着重大意义，由此也会让深圳进一步成为投资的洼地”,[③] 这也意味着长三角地区应当及时展开相关立法起草工作，避免在引资环境竞争中落后。

尽管浙江、江苏、深圳的上述规范名称不同，但就规范的价值、原则、内容结构来说仍是高度一致的：均在于使确无执行能力的诚信债务人依法退出债务，从而使其能够有机会复产复工，再次从事商业活动，为市场注入活力；均注重债务人的诚实信用、债权人与债务人间的利益衡平，并参照了企业破产法。但是，在具体制度设计上，三地出台的规范性文件仍存在一定的差异，并且这些差异均直接影响个人破产的具体操作执行，具体见表 2。

① 参见《浙江法院个人债务集中清理（类个人破产）工作指引（试行）》第 4 条。

② “类个人破产程序”的界定，详见江苏省高级人民法院《省法院发布〈关于开展“与个人破产制度功能相当试点”工作中若干问题解答〉》，江苏法院网，http://www.jsfy.gov.cn/article/89695.html，最后访问日期：2022 年 6 月 7 日。

③ 徐阳光、武诗敏：《个人破产立法的理论逻辑与现实进路》，《中国人民大学学报》2021 年第 5 期。

表 2 浙江、江苏、深圳个人破产现行规范文件主要内容比较

| 规范内容 | 《浙江个人债务集中清理指引》 | 《江苏类个人破产解答》 | 《深圳个人破产条例》 |
| --- | --- | --- | --- |
| 适用对象 | 自然人为主，个体工商户参照适用 | 商事主体为主，其他符合条件的被执行人参照适用 | 生产经营、生活消费导致资不抵债或丧失偿债能力的自然人 |
| 债权人申请条件 | 未规定 | 对被执行人单独或者共同享有 10 万元以上到期债权的债权人 | 单独或者共同对债务人持有 50 万元以上到期债权的债权人 |
| 受理条件 | 具有浙江省户籍，在浙江省内居住并参加浙江省内社会保险或缴纳个人所得税连续满三年 | 在江苏省居住且参加江苏省社会保险连续满三年的个人 | 在深圳经济特区居住，且参加深圳社会保险连续满三年的自然人 |
| 主要清偿方式 | 破产和解 | 破产和解 | 破产清算和重整 |
| 清理措施 | 基于法院已有的执行案件，并参照执行中的相关措施 | 基于法院已有的执行案件，并参照执行中的相关措施 | 独立破产措施 |
| 豁免财产 | 债务人及所扶养的家属的生活必需费用和必需品不受执行，人民法院可以依照《中华人民共和国民事诉讼法》第 244 条规定认定“生活必需品” | 《最高人民法院关于人民法院民事执行中查封、扣押、冻结财产的规定》第 3 条规定的财产可以保留，以及一定比例债权人同意的财产 | 《深圳条例》第 36 条规定的生活、学习、医疗的必需品和合理费用等 |
| 表决机制 | 双重表决，由全体债权人一致同意通过一项表决规则，然后再根据通过的表决规则对财产分配方案等事项进行表决 | 双重表决，由全体债权人一致同意通过一项表决规则，然后再根据通过的表决规则对财产分配方案等事项进行表决 | 有表决权的债权人过半数通过，且所代表的债权额占有表决权的债权总额的二分之一以上 |
| 免责考察期 | 裁定终结个人债务集中清理程序后的五年 | 根据债务清偿率不同，自裁定终结类个人破产程序之日起满半年至五年不等 | 自宣告债务人破产之日起三年；清偿全部债务至一定比例，且经过不同长度考察期的，视为考察期届满 |

区域协同立法形式既包括以立法信息交流共享和法律修订为主的外部协同，也包括与此相对应的内部协同。① 就内部协同而言，其是指为了提升区域治理能力和区域发展的协调性，各地方立法机关相互协作并调整自身已制定的相关法律规范，为区域立法一体化发展提供法治基础，最大化

① 参见宋菲、郝书翠《区域协同立法的深度审视与探讨》，《理论探索》2022 年第 3 期。

避免区域各地方同一事项产生冲突规范。从表 2 的对比中可以发现，浙江、江苏两地除在适用对象、债权人申请条件上不同外，其他内容大体相似，这为跨地区内部协同的立法形式奠定了规范基础，能够为协同立法减少大量的立法成本，提高立法效率，也与司法实践经验保持一致。但因两地法院的规范文件不属于立法，所以在表决机制上均采取全体债权人一致同意原则，这无疑增大了债务人免除债务的难度，其规范内容实质更接近由司法主导的全体债权人与债务人达成的债务免除协议，而非类似深圳的个人破产制度，即使不考虑“个人破产”这一因素，两地的个人债务清理规定仍然是存在一定问题的，这也是未来协同立法需要重点解决的问题。就外部协同而言，其指向地方立法的实践操作层面，涉及协同立法的立法依据与经验依据。

## 三　长三角地区个人破产协同立法的可行性

关于平行立法主体间能否协同立法，我国《宪法》和《立法法》虽没有明确法律依据，但区域协同立法依旧具备可行性。

### （一）个人破产协同立法的法理依据

在我国《立法法》框架下，区域个人破产协同立法依据体现在以下三个方面。

第一，区域协同立法是由有权立法主体制定实施，建立在地方立法权基础之上的立法活动。我国有权立法主体的权力来源于宪法和法律的专门规定或授权规定，其中授权又有专门授权和法条授权之分。[①] 有权立法主体包括省、自治区、直辖市、经国务院批准的较大的市的人民代表大会及其常务委员会和人民政府这类行政区域内的权力机关、行政机关。我国《宪法》第 100 条、《立法法》第 80 条和第 93 条分别对上述权力主体有权制定地方性法规或地方政府规章作出了规定，成为区域协同立法的宪法性

① 宋方青、朱志昊：《论我国区域立法合作》，《政治与法律》2009 年第 11 期。

依据，也是协同立法权的合法性来源。

第二，协同立法可采取融合形式下的立法模式。在我国现行立法体制中，颁布实施的法律基本上是通过中央立法和地方立法这两种立法模式产生的。《立法法》第 11 条以法律保留的形式规定了只能由法律调整的事项，[①] 在此范围内地方主体无权立法。无论是全国统一的促进区域协调发展的法律，还是针对特定区域的法律，都属于中央立法的权限范围，但由于中央立法资源有限，通常是对区域一体化进行原则性和框架性立法，具体领域的区域立法仍由相关区域完成。区域协同立法的地方立法模式主要有两种，实践中较受欢迎的模式是依托享有上述地方立法权的区域内各立法主体的分工协作来实现。[②]

第三，区域协同立法是区域协调发展的必要措施，而区域协调发展已经写入我国《宪法》的序言之中。在 2018 年的《宪法》修改中，我国《宪法》序言部分加了三个内容，其中的科学发展观和贯彻新发展理念明确包含了地区协调发展理念。科学发展观要求“全面协调可持续发展”，而区域协调发展是协调发展的重要内容。党的十七大报告中明确提出“推动区域协调发展”“突破行政区划界限”；党的十九大报告中亦指出“建立更加有效的区域协调发展新机制”；党的二十大报告中进一步强调，“促进区域协调发展”“深入实施区域协调发展战略”，从而为新形势下区域协调发展提供了根本遵循。因此，无论在我国《宪法》层面还是我党政策层面，均为个人破产的区域协同立法提供了立法依据。

### （二）长三角地区协同立法的经验依据

“区域协同立法的背后反映的是区域经济社会的协调发展问题，虽然

---

① 《立法法》第 11 条：“下列事项只能制定法律：（一）国家主权的事项；（二）各级人民代表大会、人民政府、监察委员会、人民法院和人民检察院的产生、组织和职权；（三）民族区域自治制度、特别行政区制度、基层群众自治制度；（四）犯罪和刑罚；（五）对公民政治权利的剥夺、限制人身自由的强制措施和处罚；（六）税种的设立、税率的确定和税收征收管理等税收基本制度；（七）对非国有财产的征收、征用；（八）民事基本制度；（九）基本经济制度以及财政、海关、金融和外贸的基本制度；（十）诉讼制度和仲裁基本制度；（十一）必须由全国人民代表大会及其常务委员会制定法律的其他事项。”

② 参见焦洪昌《立法权的科学配置》，北京大学出版社，2022，第 178 页。

区域内、各个区域仍有竞争，但未来的发展趋势必然要求更多的合作共识与合作实践。"[①] 长三角地区发展理念从"协调"到"协同"，再到提出"一体化发展"，这种变化不仅对地区经济发展产生深刻影响，同时也对配套制度的制定提出了更高的要求，即应"对某一事项采取共同的立法行动，形成一致的行为规则"[②]。相比于我国其他城市群，长三角地区已经积累了较为丰富的协同立法实践经验。

早在 2007 年 9 月，江苏省、浙江省和上海市便已签署《苏浙沪法制协作座谈会会议纪要》，明确了通过立法统一、协调区域经济社会共同发展的目标，标志着三地正式开启了以立法协作推动区域协调发展的新机制。2009 年，上海市、浙江省和江苏省人大常委会建立了主任座谈会制度，在地方人大常委会工作联系的整体框架中加入地方立法协作。此后，安徽省人大常委会加入其中，就此"长三角人大常委会主任座谈会"逐步实现常态化，并取得较好的立法效果，如长三角区域将"协商互补型"的协同立法模式运用在大气污染防治领域。2014 年 5 月，三省一市联合在上海召开了长三角区域大气污染防治立法协作论证会，讨论污染防治和相关法律责任等问题；同年 7 月，上海市人民代表大会常务委员会公告第 15 号公布了《上海市大气污染防治条例》；在 2015 年和 2016 年，其他三省也先后完成了本行政区域内大气污染防治地方性法规的修订。[③] 2020 年 7 月 1 日，浙江、江苏两省与上海市人民政府联合印发《关于支持长三角生态绿色一体化发展示范区高质量发展的若干政策措施》，在不打破行政边界的前提下，赋予示范区相应的改革自主权和必要的管理权，为长三角生态绿色一体化发展示范区建设提供有力的制度保障，深入探索区域一体化制度的创新模式。此外，三省一市在营商环境、公共应急卫生管理等方面也在联合调研，进行立法协作的各种尝试。由此可见，长三角地区已具备协同立法的制度基础与实践经验，为地区个人破产协同立法提供了立法技术支持。

---

① 贺海仁：《我国区域协同立法的实践样态及其法理思考》，《法律适用》2020 年第 21 期。

② 王腊生：《地方立法协作重大问题探讨》，《法治论丛（上海政法学院学报）》2008 年第 3 期。

③ 参见宋保振、陈金钊《区域协同立法模式探究——以长三角为例》，《江海学刊》2019 年第 6 期。

## 四 个人破产协同立法的重点突破

假定一登记在江苏省南京市的 A 合伙企业，其两合伙人甲、乙分别在江苏省南京市与浙江省温州市参加社会保险。现在 A 企业资不抵债，除乙未满足参加社保的条件外，甲、乙均满足其他个人破产条件。[①] 依据《江苏类个人破产解答》，甲可以通过该程序免除债务，乙却仅因未在南京市缴纳社会保险而无法免除债务，这对乙是不公平的，也可能导致甲的债务无法免除。跨区域经济联系越紧密，就越可能出现这种情况。可见，仅将某一省的户籍、社会保险参保、个人所得税缴纳作为个人债务清理或类个人破产程序的适用标准，既不利于跨区域经济合作发展，亦不符合当下长三角地区经济融合的现状，这也反映出确立个人破产协同立法的必要性与急迫性。

### （一）以协同立法破解当前现实问题

通过比较表 1、表 2 的内容，当前个人破产地方司法实践与相关规范文件存在以下四个问题，均有赖协同立法予以解决。

第一，破产申请条件中对债务人设置的地域限制过窄。在现有个人破产试点中，因缺少协同立法，各地法院对债务人或被执行人的户籍或其他相关地域因素设置了一定的条件。这种限定方式产生了两个问题：一是使同一地区的债务人或被执行人仅因身份问题而无法平等地获得债务减免，存在“地域歧视”之嫌；二是即使本地区的个人破产试点工作可以解决本地的债务纠纷，但是对于外地法院管辖诉讼案件、执行案件应如何处理仍

① 2017 年 11 月，温州市委政策研究室与中国移动温州分公司合作，对使用温州户籍、实名认证的手机用户进行大数据分析。数据显示，江苏省、广东省、上海市是除浙江省以外，温商分布最多的 3 个省份。参见《大数据告诉你：在外温商中，这个县的人数最多!》，浙江新闻网，https://zj.zjol.com.cn/news/804154.html，最后访问日期：2022 年 6 月 7 日。此外，1999 年 7 月在南京市民政局注册成立的南京市温州商会运作至今。两个事实均反映出浙、苏两省经济联系密切，尽管目前尚未检索到与假定情节相似的案例，但基于上述情况，这一假定情况显然并非杞人忧天。

存在矛盾。这在客观上阻碍了个人破产一体化工作的开展，影响了统一的区域个人破产体系的建立。有观点认为，限制个人破产适用对象的范围，是为了避免权利滥用。[①] 但相比防范权利滥用，在全国尚未形成统一的个人破产法律体系的情况下，地方亟待解决的问题是为小微企业主、个体工商户减轻还款压力，促进地方经济发展，而以债务人地域为标准，并不符合我国私法体系所遵循的平等原则，亦不符合建设全国统一大市场的政策导向。

第二，债务人主体资格缺乏严格限定。《浙江个人债务集中清理指引》中未对债务人主体资格作出明确限定，《江苏类个人破产解答》则遵循“商事主体为主，其他个人参照适用”的方针，对债务人主体资格限制进行了一定的指引。个人破产以帮助“诚而不幸”的自然人为价值取向，符合我国传统的商业道德理念，易被公众接受。缺少债务人主体资格的规制，各类原因导致的自然人资不抵债均可能会进入个人破产程序，不利于个人破产制度的推行。现有试点工作大多将“因生产经营性债务而债务人资不抵债”作为个人破产启动标准的价值取向，未来，应对此予以明确，防止债务人因挥霍消费等资不抵债，试图借助破产来逃债，确保真正有需之人得到救济，保障个人破产的成效和公信力。对于因治疗疾病而资不抵债的个人，同样不应适用个人破产制度。盖因此种情况若适用个人破产制度，在形式上确实体现了法律对弱势群体的人文关怀精神，但在现实层面很可能导致他人“不敢”向其出借钱款以治病，增加了患者借钱治病的成本，对社会弱势群体的此种人文关怀可通过其他制度来实现。

第三，依靠破产和解存在债务纠纷解决效率低的风险。在浙江省温州市个人债务清理的典型案件中，法院受理个人破产申请后促成债权人与被执行人达成和解并同意对其免责；江苏省的类个人破产程序中，债权人会议采用双重表决规则，即先由全体债权人一致同意通过表决规则，再根据通过的表决规则对各事项进行表决，只有关于和解方案的两次表决均通过，才可对被执行人免责，否则由人民法院裁定终结类个人破产程序。在

① 参见卢林《深圳经济特区个人破产条例草案建议稿附理由》，法律出版社，2016，第5页。

债权人会议的参与主体上，如果债权债务关系较为简单，则易于协商一致解决债务清偿问题，但在债权人人数较多或者涉及金融机构债权人的情况下，若要求全部债权人与债务人达成一致，则顺利和解的可能性会大幅降低。如果债权人拒绝同意和解协议，“则试图通过和解协议重组债务人营业的可行性就会受到威胁”。[①] 此时需要法院和管理人与各债权人沟通磋商，但不可避免地会影响个人破产程序效率，所耗司法成本过高，不利于纠纷解决。特别是在个案中，债权人不能在清理机制中获得直接利益使其不愿意配合债务清理。

第四，债务清理具体路径存在差异。受各种主客观因素影响，各地对具体个人债务清理的解决路径不同。在长三角地区，区域经济发展不平衡的问题依旧存在，“立法者的任职条件和资格也不同，这些主客观因素直接影响着该区域立法者的智识认知差异并导致认知局限性，以至于在关涉重大利益问题时不易达成区域共识”。[②] 通过表 2 可知，关于债权人申请条件，浙江省未予以规定，而江苏省和深圳市虽有规定，但最低债权数额标准不同，如此将会出现同一债权，仅因债务人所处地区不同而影响债权人启动个人债务集中清理程序；再如对债务人的免责考察期，浙江省设置固定考察期间，江苏省和深圳市则是根据不同清偿比例设置不定期的免责考察期，这意味着在债务人清偿比例相同的情况下，浙江省的债务人会比江苏省、深圳市的债务人背负最多相差 4 年的免责考察期，很难说这是合理的。可见，若不采取协同立法的方式对个人破产或个人债务集中清理程序作统一规定，是不利于保护债务人合法权益的，也会造成债权人间的不平等。在跨区域经济发展协作融合度不高的地区，这种地方单独立法的弊端可能尚不明显，但在长三角、珠三角、京津冀等国家重点打造的区域经济合作城市群，上述弊端的发生几乎是可预料的，个人破产协同立法是解决这些弊端的必然选择。

针对以上问题，可通过进一步完善立法协同机制的方式解决。一是三

① 参见〔美〕查尔斯·J. 泰步《美国破产法新论》（上册），韩长印、何欢、王之洲译，中国政法大学出版社，2017，第 36 页。

② 参见金梦《立法者心智：区域协同立法机制构建的动因》，《法学》2021 年第 1 期。

省一市应健全信息交流与共享机制，打造协同立法信息交流平台，加强长三角地区个人破产立法信息的合作；二是鉴于个人破产属于各地立法需求较强且部分地域存在差异必须通过协同立法解决的事项，长三角地区具有一定的协同能力和经验，故可以选择紧密型立法协同模式，① 成立协同立法联合项目组，由三省一市联合起草个人破产规范性文件；三是完善立法协同机制的程序，各地方个人破产立法草案送审前进行自我审查，审查后充分征求协同立法各方的意见；四是对于已通过的地方性规范文件可采取交叉备案的方式，促进地方性规范文件的统一适用，同时各地应主动定期清理与长三角协调发展不相适应的规范文件，提升区域立法质量。

### （二）以制度设计破解传统商业理念

“对于个人破产制度而言，其形成与发展融合了特定历史背景下社会秩序对法律制度的功能期待与价值需求。”② 个人破产制度在我国长期“难产”的主要原因未必在于法学理论与制度设计层面，而更可能在于我国的传统思想层面。“欠债还钱，天经地义”的理念根植于社会大众观念中，影响大众对个人破产制度的接受程度。对这一传统理念，可从破产原因诱因、债务豁免比例和道德风险防范三个层面予以破解。

第一，应限定破产原因诱因。破产制度是指在债务人无力偿还债务的情况下，以其财产对债权人进行公平清偿的法律程序，③ 启动破产程序的法定原因即破产原因，其“表明债务人丧失清偿能力的法律事实，而导致债务人丧失清偿能力、陷入破产状况的各种经济原因，如经营管理不善、严重亏损、承担担保责任、天灾人祸等，与法律上的破产原因意义完全不同，通常对破产程序的启动没有影响。因为无论是何种经济原因导致债务人丧失清偿能力，都应当通过破产法律程序解决其债务清偿问题”。④ 在

---

① 长三角地区的立法协同模式可借用东北三省的立法模式，划分为紧密型、半紧密型和松散型三种。参见汪彬彬《长三角区域立法协同研究》，《人大研究》2021 年第 3 期。

② 张善斌、钱宁：《个人破产热点的冷思考——以立法条件的考量为中心》，《法学家》2021 年第 6 期。

③ 王利明：《关于制定我国破产法的若干问题》，《中国法学》2002 年第 5 期。

④ 参见王欣新《破产原因理论与实务研究》，《天津法学》2010 年第 1 期。

判断是否启动企业法人破产程序时，上述对破产原因的概念性描述是不会在实践中产生问题的，有争议的只是立法是否有必要将企业丧失债务清偿能力以外的其他原因作为破产原因。盖因企业破产法适用于企业法人，企业法人是独立于企业投资人、经营者的独立法律主体，其除了经营行为外，通常并不存在其他行为。即使企业实际经营者或投资人自身的行为导致企业丧失清偿能力，但这些行为并不属于企业的行为，其与企业破产并不存在直接因果关系，并可通过其他法律追究行为人相应的法律责任，债权人通常也不会因为存在这些行为而阻止企业启动破产程序，对于债权人而言，企业长期丧失清偿能力与企业完成破产清算后消灭并无实质区别。而在个人破产中，个人的经济行为是其破产的直接原因，个人破产后，其并不存在“消灭”的问题，未来仍有继续清偿债务的可能，这与企业破产完全不同。因此，债权人能够相对容易地接受企业破产后消灭，以商业风险看待无法实现的债权，却往往很难在情感上接受自然人在摆脱债务后“无债一身轻”的生活，由债权人独自承担损失。

尽管个人破产制度的设立有其充分的必要，但债权人对个人破产的接受程度是理应充分考虑的重要因素，以免加剧债权人、债务人间的矛盾，产生其他不必要的纠纷。此外，企业法人的经营决策是受公司法调整的，在不考虑企业治理失灵的情况下，其决策的作出需要遵循既定的程序并接受企业内外监管，即使实际控制人拥有一定权力，也要受到国家会计制度约束，否则属于违法行为，但自然人无这样的约束。其经济状况是很难被他人准确了解的，这决定了在个人破产中，自然人提供的财务信息是否真实准确，将更大程度地依赖于其自身诚信度而非如企业一样依赖于会计账簿。很难相信债权人能够接受债务人超前消费、奢靡浪费，乃至生活恶习导致丧失债务清偿能力而启动个人破产程序，存在这种行为的债务人亦不符合诚信原则。因此，在企业破产中需要列举“破产原因”，在个人破产中则需要限定“破产原因诱因”，即诱发破产原因的法律事实，以此限定启动个人破产程序的债务人范围，强化债务人的个人诚信，防止制度被滥用，也更容易被债权人接受。只有法定事实导致债务人丧失清偿能力时，才有申请并受理个人破产程序的可能性。

个人在日常生活和生产经营中涉及的民事关系较为复杂，涉及的资不抵债原因很难被逐一列举。从当前个人破产制度意在促进商自然人复产复工、重新参与市场活动来看，将个人破产原因诱因限定为不可抗力、情势变更导致个人资不抵债是最为稳妥的，但存在适用范围较窄的问题。结合司法实践经验，个人生产经营行为导致资不抵债，且个人日常生活消费与生产经营支出能够清晰区分的，亦可启动个人破产程序。盖因债权人对于生产经营性债务可接受的豁免比例较高，但通常都难以接受消费导致的资不抵债，主要原因有二：一是自然人对自己消费水平应有合理预期，超出个人负担能力消费不应被认定为“诚实”的债务人；二是消费性债务豁免的范围过大，债权人担心如果申请债务豁免的债务人过多将会严重损害自身利益。当债务人过度消费导致债务难以偿还时，债权人大多主张个人破产的条件更为严苛，而对于客观因素致使经营困难的，债权人通常表现得较为宽容。如可规定较严格的申请破产条件，设置破产申请人的生产经营性债务占个人总债务的最低比例，审查债务人申请资格时，只需将生产经营债务从中剥离，剩余部分不作详细分类。同时，在申请破产的前六个月内，生产经营性债务总额不能明显不合理地增加，以避免债务人为了达到申请条件要求而突击举债，降低其他债务所占比例。

第二，设定债务豁免比例范围和考察条件。债务豁免是指自然人根据法律规定完成个人破产程序后，满足相关法律、法规和法院裁定的破产条件，自动或根据申请免除剩余债务的机制，该个人破产制度可直接减轻债务人的经济压力。“个人破产制度不同于个人逃债制度，评价个人破产制度不能仅仅从对破产主体的债务豁免一个角度出发，而应当结合自由财产制度、失权制度、复权制度等进行综合分析。”① 如何平衡债权人与债务人利益，达到当事人利益与社会利益最大化，是债务豁免必须参考的重要因素。从表 1 中的案例来看，实践中豁免比例相差较大，通常债务人在债权人心中的信用评价、欠款数额以及债权人与债务人之间是否具有一定的信任关系，都会影响债务豁免比例的确定。若债权人与债务人之间存在长

① 李帅：《论我国个人破产制度的立法进路——以对个人破产“条件不成熟论”的批判而展开》，《商业研究》2016 年第 3 期。

期商业合作或者二者为亲朋好友，则债权人能够接受的债务豁免比例较高，而金融借贷机构则倾向于不接受债务豁免或接受的比例较低。在商业合作关系中，双方或因为合作经营共赢获利，或对彼此信任有加，因此债权人更希望债务人能够通过债务豁免达到“破而后立”，双方之间的合作经营关系能够得到维持；在具有亲友关系等信任关系的债权债务人间，由于信任关系的存在，债权人往往对债务人的容忍程度更高，对债务豁免比例的接受程度也更高。鉴于债权人对债务豁免比例的接受范围存在较大差异，实践中的情况亦较为复杂，立法不宜对此设立固定比例，以免在个案中忽视债务人的信用状况和其与债权人的关系，只需要限定豁免的最高比例和考察条件，达到限制法官自由裁量权的目的即可。在债务人进入债务豁免程序后，债务不会当然豁免，而是在经过法律规定的一定期限后，根据债务人的收入和负债情况，法院在给债务人留有生活必需财产基础上确定每月或每年的清偿数额。该期限内，债务人应严格按照法院确定的数额清偿，直到清偿期限届满。该清偿期也是债权人、法院对债务人实施监督考察，确定其是否“诚信”的机会，如债务人被发现存在隐匿财产等损害债权人权益的行为，可由法院查证后宣布不予豁免。

第三，进行道德风险防范。个人破产制度要求债务人诚信度较高，拒绝不诚信的债务人借此豁免剩余债务。“而当债务人掌握了资金后，由于破产制度所承诺的债务豁免可能性的保障，他们在投资行为上的谨慎程度亦会降低，即产生‘道德风险’（moral hazard）问题。”① 由于现阶段我国个人征信体系尚不完善，亦没有个人财产登记制度，债权人很难查询到债务人的实际经济状况。因此，在个人破产制度施行后，债务人通过转移隐匿财产来启动个人破产程序，从而导致个人破产制度沦为逃债工具是有可能发生的。“个人财产登记制度与良好的社会信用环境是个人破产法的基础，在欠缺该基础时，个人破产只会成为债务人逃债的口实。”② 无论在立法层面还是实际建设层面，期待建立全国统一的个人财产登记制度、社会信用体系都需要耗费较高的成本，甚至是难以实现的。如何在缺乏这两

① 许德风：《论个人破产免责制度》，《中外法学》2011 年第 4 期。

② 贾志杰：《关于中华人民共和国破产法（草案）的说明》，法律出版社，2006，第 279 页。

个基础制度的前提下推动个人破产制度的建设，是长三角地区协同立法应当予以重点关注的问题。对此可从以下两个方面出发，以在一定程度上化解个人破产中的道德风险问题和权利滥用隐忧。一方面，从信息技术、政府财政、数据共享等方面看，长三角地区已经具备建立评价标准统一、数据互联共享的个人社会信用与商业信息查询平台条件，以协同立法的方式推动相关信息共享平台建设，亦可以促进国家统一大市场的建立；另一方面，借鉴深圳市个人破产清算案件的审理经验，[①] 法院在审理过程中应当要求债务人履行如实陈述、申报相关信息的义务，就破产原因、财产状况、所负债务等事实提供相应证明材料，证明其已尽力偿债，破产管理人应全面核查债务人申报的破产信息，详尽调查相关事实，对债务人是否依法履行相关义务进行核查。

除上述三个协同立法重点问题外，个人破产制度的建构需要就启动原因、实体规则、程序规则三个主要方面内容作出规定，具体包含主体资格、申请条件、自由财产、权利限制与恢复、前置程序、重整优先程序等。这些问题的相关研究成果较多，具体制度设计构想亦较为成熟，在协同立法层面，其并不具有过多的特殊性，限于本文写作目的，不再予以赘言。而破产原因诱因、债务豁免比例、道德风险防范问题则与当下长三角地区推动个人破产协同立法的目的直接相关，尤其与促进商自然人复产复工密切相关，而这三个问题又具有一定的地方性特点，如基于不同立法目的，破产原因诱因很可能不同，不同地区的债务豁免比例也可能存在较大差异。因此，从协同立法角度出发，长三角地区在个人破产立法过程中应格外重视这三个问题。

## 五　结语

在经济协同发展和改善营商环境的背景下，当前我国存在对个人破产制度立法的现实需求，但新事物的产生和发展是一个曲折前进的过程，无

① 呼某某申请个人破产清算案，参见广东省深圳市中级人民法院（2021）粤 03 破 417 号（个 11）之一民事裁定书。

法一蹴而就。长三角区域一体化建设极大地方便了江浙沪皖居民在各城市之间就业、生活和商事交易，区域内法院对个人破产试点工作也已经进行了一定的探索，积累了宝贵的经验，为个人破产协同立法提供了必要的基础条件。长三角地区作为区域协调发展的典型，应积极贯彻国家建立全国统一大市场、改善营商环境的政策，在中央战略部署下开拓创新，始终坚定走在深化改革发展的前列。因此，区域发展一体化是长三角地区在个人破产制度建设过程中应继续秉持的理念，以此完善协同立法机制，尽可能消除区域内个人破产启动条件之差异，构建一致的个人破产实体规则和程序规则，统筹引导长三角区域个人破产制度建设。个人破产协同立法的成功建设将加快长三角地区社会资源的灵活配置、合理集中和快速流动，从而推动人流、资金流、物流的畅通移转，促进社会分工优化，使生产要素价值效用最大化，提高市场的活跃性，优化营商环境，助力经济腾飞。

# The Foundation and Breakthrough of Coordinated Legislation on Personal Bankruptcy in the Yangtze River Delta

Ren Jiang, Zhu Wenyan

**Abstract**: The personal bankruptcy system has the important function of helping natural persons exit the market, promoting their resumption of production and work, and increasing market vitality. Comparing the relevant practical initiatives in different regions, there are certain differences among regions in terms of bankruptcy filing requirements, debtor's main qualification and bankruptcy settlement and other specific paths for debt liquidation, which are not conducive to accelerating the recovery of the regional economy. At present, the Yangtze River Delta region already has the factual and normative basis for establishing a unified personal bankruptcy system, and coordinated legislation can be carried out within the framework of the existing legal system. In the future, coordinated legislation should be used to solve the problems found in the current pilot, and the three systems of bankruptcy causes, debt exemption ratio, and moral hazard prevention should be used to break the constraints of traditional business concepts on the construction of personal bankruptcy system, so as to promote regional coordinated legislation on personal bankruptcy and accumulate practical experience for China's personal bankruptcy system.

**Keywords**: Personal Bankruptcy; Coordinated Legislation; Yangtze River Delta

# 集体资产股权制改革研究*

## ——以S村集体资产量化确权为例

姜 磊 杨艳楠**

**摘要：** 集体资产管理是乡村振兴战略和创新驱动发展战略实现的重要抓手。城镇化后，原农村集体资产如何处置成为“村改居”后续工作尤其是集体经济管理、发展的重点和难点。通过文献研究和田野调查对S村集体经营性资产的量化确权改革成果样本研究发现，“村改居”社区集体经营性资产量化确权改革应创新集体资产的管理与确权路径，将经过量化的净资产通过契约文件的合理安排配股给有资格的原集体成员，实现原集体成员以股权的形式享有和行使“集体资产”权利。借助公司法人独立财产权制度发挥集体所有的优越性，调动股份确权到人后的个人积极性，限制股权的部分权能以实现集体资产收益的社会民生保障功能，通过集体资产股权制的管理创新驱动城乡融合发展。

**关键词：** 法治 集体资产 契约化 股权制改革 量化确权

## 一 问题的提出

农业农村农民问题是关系国计民生的根本性问题。党的二十大报告明确，新时代全面建设社会主义现代化国家，最艰巨最繁重的任务仍在农

* 呼和浩特民族学院2022年度校级重点科研项目资助（项目题目：乡村振兴战略下内蒙古农村牧区集体资产管理法治化研究，项目编号：HM-XZZD-202202）。

** 姜磊，法学博士，呼和浩特民族学院公职律师、讲师，北京外国语大学法学院博士后，研究方向为监察法、基层治理、公司治理；杨艳楠，北京外国语大学硕士研究生，研究方向为国际司法与执法合作。

村。全面推进乡村振兴，需要坚持农业农村优先发展，坚持城乡融合发展，畅通城乡要素流动。在乡村城镇化过程中，“相应的管理政策既要遵循一般的政策创新规律，也要结合我国乡村城镇化过程及现有的创新管理基础、创新资源基础进行针对性的顶层设计”。①

乡村城镇化过程中伴随“村改居”，即村委会改制为居委会，同时成员户口由村民改为居民。“村改居”是实现城市化管理体制的重要改革，需要妥善处置原有集体资产、债权债务，完成资产改制，明确产权关系，“才能有助于将城乡纳入统一的基层治理范畴，实现城乡在规划建设、制度统筹和资源整合等方面的协调发展和优势互补”。② 党的二十大作出了畅通城乡要素流动的战略部署，《中共中央 国务院关于稳步推进农村集体产权制度改革的意见》和《国务院办公厅关于引导农村产权流转交易市场健康发展的意见》也对规范提升农村产权流转交易发展质量提出了新的要求。

在当前乡村城镇化、城镇现代化背景下，“村改居”后的社区集体经济发展面临集体资产保值增值难度加大、管理机制亟待创新等挑战。在此背景下，包括呼和浩特市赛罕区巧报镇 S 村在内的一些“村改居”集体通过集体资产量化确权实现了股份制改革的实践创新。农村集体资产产权变革中的“股份”“股权”与一般意义上“股份”“股权”的含义不同，在农村集体资产产权变革的创新实践中，有的地区将其量化为份额，有的地区将其量化为股份，有的地区仅针对集体管理的经营性资产折股量化，也有的地方将折股量化的对象扩大到资源性资产、非经营性资产。根据《中共中央、国务院关于稳步推进农村集体产权制度改革的意见》，“农村集体经营性资产的股份合作制改革，不同于工商企业的股份制改造”，也即此处所述“股份”“股权”是指每个集体成员在集体资产收益中的具体分配份额，是参与集体资产收益分配的依据，形成于集体经济组织成员的自愿

① 刘丽伟：《乡村振兴战略创新的三个维度》，中国共产党新闻网，http://theory.people.com.cn/n1/2018/0406/c40531-29909582.html，最后访问日期：2023 年 2 月 21 日。

② 尹栾玉、隋音：《村改居社区治理共同体的构建路径探析——以北京市昌平区霍家营社区为例》，《社会治理》2022 年第 2 期，第 1 页。

出资而不同于一般股份形成过程中的合同与公司章程，其出资额与决策权、分配权也是基于公平价值的按人头平等分配，而不同于一般意义上由股份出资额来决定，这种“股份”“股权”原则上是不可以自由转让与退出的，集体成员退出时也是不能分割集体资产取回其份额的。[①] 因此，此处所述“集体资产的量化确权改革”是指在“村改居”过程中将原村集体所有财产通过股份制量化确权的创新实践，实现乡村城镇化过程中的产权变革。

集体资产的量化确权改革涉及群众的切身利益，担负着原村集体经济保值增值的历史责任，能否改、为何改、如何改、改革成效如何，这些问题贯穿于改革创新实践的整个过程，只有处理好这些问题，改革中的创新实践才会收到成效。

## 二　集体资产量化确权改革的动因

城乡二元社会结构在实现城乡一体化的城市发展过程中出现了“村改居”现象，农村变城市，村民变居民，这一过程伴随着生产力和生产关系的深刻变化。村委会兼具村民自治与集体经济管理处置的双重职能，“村改居”后，村委会变更为居委会，居委会是单纯的居民自治组织，集体成员身份由村民变更为城镇居民，居委会管理与服务的范围也由原村民变为辖区居民以及新并入居委会管理小区人员及流动人口等，相应的原有资产不再简单归集体所有，辖区居民也就不能平均享有原村民集体资产“待遇”。原村集体资产归属、收益分配和发展关系到原村民的切身利益，关乎创新驱动发展大局。因此，要对原集体资产进行改革并分离于居委会，此项工作如处理不善不仅会影响到“村改居”工作进展，更容易引发新的社会矛盾。而若想要对生产力和生产关系产生创新性的变革，则需要厘清对集体资产进行量化确权之必要性。

---

① 《农村集体资产股权股份法律性质界定问题》，农业农村部政策与改革司网站，http://www.zcggs.moa.gov.cn/zcygggw/202111/t20211126_6383076.htm，最后访问日期：2023年2月21日。

### （一）集体资产量化确权改革是转变集体资产经营方式，落实村民对集体资产所有权和管理权的必然要求

我国各地区的城郊村（城中村）均保有大量的集体资产，经营方式却各不相同。以呼和浩特市赛罕区巧报镇 S 村为研究样本，研究发现，S 村委会在“村改居”后通过成立呼和浩特市 S 农副产品市场有限责任公司（以下简称“S 市场公司”）并兴建“S 农贸市场”，巩固壮大并且发展了原 S 村的集体经济，同时也解决了 200 多名失地居民的再就业问题。原 S 村集体资产虽在公司法框架下由 S 市场公司进行日常管理运营，但是该公司仍为 S 村委会独资所有，村委会既代表村民占有集体资产，又代表村民直接管理和经营集体资产，反而作为村集体资产享有人的大多数村民则没有任何处置集体资产的权力，[①]“村改居”后的原集体资产并没有得到有效的管理和增益。这种缺乏明晰的产权主体的管理体制，导致集体资产虚置、村民产权模糊、全体村民难以实现人人有份的主人翁地位和调动参与管理、监督的积极性，进而导致市场建设成本一直未能清偿，管理成本不断增加，经济效益低下。实行村集体资产量化确权改革，对现有的集体资产进行评估，以股份的形式分配给村民，人人持有集体资产的股份，使村民既是集体资产的所有者，又可以企业股东（股民）的名义直接参与经营管理，落实了村民的主体地位。

### （二）集体资产量化确权改革是对集体资产进行有效保护的必然选择

参与市场经济，必然面临投资资产的盈亏。出于集体资产权属性质的特殊性，有的村集体选择投资既有可观的收益，又没有任何风险的商业项目，这样的投资渠道越来越窄，长期内无法给集体资产带来客观的增益，使得有的集体尽管握有客观的资产，却不敢投资经营性项目，部分集体甚至宁愿将资产存入银行拿利息，更有甚者出现了“枕着”几十亿元的流动

① 高灵芝、胡旭昌：《“村改居”后集体资产处置的个案剖析——以济南市槐荫区前屯居为例》，《长白学刊》2004 年第 4 期，第 2 页。

资产“睡大觉”的现象。

而另一部分敢于投身市场经济的集体，则往往无力直面市场投资风险的冲击。有学者曾研究过35个“村改居”社区的集体资产账目，发现其中有四分之一的社区资产负债率高于50%，甚至个别社区已经资不抵债，背离了集体经济组织设立之初衷。研究样本单位的S市场公司也由于修建市场、道路及其他设施等经营管理支出，外欠大量施工费，还向村民进行过一定规模的融资（月利1.5分至3.5分不等）。集体资产量化确权改革前，S村委会和S市场公司外债总额近亿元，单就S市场公司每年支付外债利息便高达600多万元，出租的商铺租金收入约1000万元，支付的利息加上人员工资等管理成本，使得S市场公司（S村集体资产）整体处于亏损经营状态。长此以往，S市场公司（S村委会）和村民终将失去整个S农贸市场和其他资产，只能依靠改革实现扭亏为盈，使股民受益分红。

集体资产在市场环境下经营管理，其盈利能力受诸多因素影响，集体资产的管理与增益必然不能通过这样模糊的管理方式实现，市场经济投资有风险，关键在于对集体资产的股权配置优化，激发股民参与集体资产经营管理积极性，开源节流，惠及股民。换言之，集体资产量化确权改革是对集体资产进行有效保护的必然选择。

### （三）集体资产量化确权改革是规范集体资产财务管理状况的有效手段，也是厘清集体资产账目状况的重要契机

村集体对于集体资产的重视程度、管理力度、统筹模式、投资预期收益与风险承担能力不尽相同，加之各集体经济组织中的专业财会人员业务水平参差不齐，使得一些集体的资产账目混沌不清，[①] 台账管理不规范，对于部分因拆迁、自然灾害、赠与等发生产权变化的资产没有及时记录或在台账上予以核销，一些村集体在资产发包、转让、出租时没有进行公开的招投标，资产减少、调拨、报废的手续也不齐全，使得一些坏账、烂账

① “农村集体产权制度改革和政策问题研究”课题组：《农村集体产权制度改革中的股权设置与管理分析——基于北京、上海、广东的调研》，《农业经济问题》2014年第8期，第3页。

长年累月地挂在账簿上成为历史遗留问题。在这样的背景下，尽快进行集体资产量化确权改革，能够尽早实现对于集体资产的规范处置，明确产权归属，厘清混杂账目，赋予股民以实际的参与权、决策权。

### （四）集体资产量化确权改革是“村改居”工作顺利完成的重要保障

国家各地区对于“村改居”有着严格的条件限制。例如山东省人民政府发布的《关于加强和改进城市社区居民委员会工作的意见》（鲁办发〔2012〕22 号）[①] 中规定“村改居”的基本条件包括：“集体资产、债权债务得到妥善处置，完成资产改制，产权关系明确。”石家庄市人民政府发布的《关于进一步加快“村改居”工作的通知》（石政办函〔2021〕54 号）[②] 规定“村改居”需具备的条件包括：“集体资产、债权债务得到妥善处置，完成农村集体产权制度改革，实行‘社经’、‘村企’分离，产权关系明确。”只有通过集体资产量化确权，才能实现对集体资产、债权债务的妥善处置，完成农村集体产权的变革，相应的村集体才能经过政府有关部门组织的评估验收，进而顺利完成“村改居”工作，迈入城镇化发展的新阶段。

### （五）集体资产量化确权改革是盘活村集体资产、最大限度惠及村民的必然选择

集体资产的股权量化改革可以使农村集体资产在折股量化后成为可以流动的市场要素，既有助于推动农业组织化、规模化发展，进而带动产业进步，也能盘活农村资源、资产，促进村集体与村民个人的效益最大化，同时还有助于加快农村基础设施建设和公共服务提升。在江苏省苏州市吴

① 《关于加强和改进城市社区居民委员会工作的意见》，泰安市民政局网站，http://mzj.taian.gov.cn/module/download/downfile.jsp?classid=0&filename=b546ee5115cf4b6ea82ada8338ffc0e0.pdf，最后访问日期：2022 年 5 月 18 日。

② 《关于进一步加快“村改居”工作的通知》，石家庄市人民政府网站，https://www.sjz.gov.cn/col/1612154988964/2021/11/18/1637215837908.html，最后访问日期：2022 年 5 月 18 日。

中区实行集体资产股权量化确权改革之后，村庄道路、污水处理、停车场、小游园等基础设施得到完善，农村绿化、亮化、洁化基本到位；社区服务中心普遍建立，农民医疗补助、老年人补助、困难户补助等惠民福利村村全覆盖。[①] 此前，研究样本单位的S农贸市场虽然也在以S市场公司的名义运营，但是由村委会持股，群众参与管理程度不高，惠及广大村民的实实在在的利益除去债务及利息外更是少之又少，外债及利息累积已经形成了恶性循环。依据《村民委员会组织法》《公司法》等法律及政策进行集体量化确权的股份改制后，利于借用现代企业制度的优势，激发股民参与集体资产经营管理积极性，开源节流，惠及股民。S市场公司此前已经以小部分资产对高息负债进行了清理，改革过程中，S市场公司通过对现有资产进行评估，并在评估资产总额后按照确定的配股方案给村民配股。配股后，股民根据各自手中持股数的不同，每年分得由改革后企业产生的收益，该部分收益可保障村民基本的生活质量不下降，且股份可以继承，为子孙后代留下了宝贵的财富。

## 三　集体资产量化确权改革的根据

### （一）集体资产量化确权改革符合党中央的上层政策与制度设计

党在十八届三中全会通过的《中共中央关于全面深化改革若干重大问题的决定》中首次提出了关于“积极发展农民股份合作，赋予农民对集体资产股份占有、收益、有偿退出及抵押、担保、继承”的要求，随后中共中央办公厅、国务院办公厅于2015年11月印发了《深化农村改革综合性实施方案》，明确“分类推进农村集体资产确权到户和股份合作制改革”，并于2016年12月下发了《中共中央、国务院关于稳步推进农村集体产权

① 胡璐、董峻：《做大集体经济和增加农民收入的有效之举——全国农村集体资产股份权能改革综述》，中国政府网，http://www.gov.cn/xinwen/2016-11/29/content_5139902.html，最后访问日期：2022年5月18日。

制度改革的意见》。2019 年 10 月，党的十九大进一步明确："深化农村集体产权制度改革，保障农民财产权益，壮大集体经济。"

研究样本所在的城市——呼和浩特市自 2011 年进行整村改造之初，便对此进行了制度设计，每个进行"村改居"的村落均成立了公司，负责对集体资产进行经营管理。2018 年 5 月，内蒙古自治区党委、自治区人民政府《关于稳步推进农村牧区集体产权制度改革的实施意见》出台，S 村的集体资产量化确权改革符合《关于稳步推进农村牧区集体产权制度改革的实施意见》精神和要求。

根据上级政策和文件指示要求，研究样本单位——S 村积极探索集体资产股份制改革的实现途径，中共呼和浩特市赛罕区巧报镇委员会尊重 S 村的首创精神，发布《关于 S 农贸市场股份改革等相关问题的通知》，明确"由两委会提出具体方案，经村民代表会、党员代表会通过后，提交全体村民大会表决通过后执行"。

### （二）集体资产量化确权改革具备充足的法理支撑与法律根据

有观点认为，农村集体资产的折股量化确权是通过将原本共同共有的集体产权变更为按份共有的集体产权，这样的理解实际上曲解了按份共有与共同共有在法律意义上的内涵。共同共有是指每个共有人对共同所有的财产不分份额地享有共同的权利，承担共同的义务，一般基于共同生活、共同劳动而产生。按份共有是指共有人按照确定的份额对共有财产承担权利义务，按份共有人可以随时请求分割共有物并退出共有关系。正如前文所述，集体资产量化确权过程中的股份原则上是不可以自由转让与退出的，集体成员退出时也是不能分割集体资产取回其份额的，这种集体所有制显然区分于共有制，所谓"股份"只是一种抽象叫法，主要是为了方便农民群众理解自己对于集体资产是有"份"的，才能解决以往产权不清晰的问题。

村民通过集体资产的折股量化所得到的"股份"，并不是对原集体资产的所有权，而是属于成员权的范畴。集体资产中的"股权"是集体经济组织行使其成员权的具体形式，成员可以通过自己的"股权""股份"来行使选举权、表决权、监督权以及收益分配请求权等，也包括成员对于集体资产的占有、使用和处分的权利。正如《中共中央、国务院关于稳步推进农村集体产权制度改革的意见》指出，“健全集体收益分配制度，明确公积金、公益金提取比例，把农民集体资产股份收益分配权落到实处”，这种“股份”虽然不是指对于集体财产的所有权，但成员对于该“股权”行使的是所有权，可以对该“股权”进行转让、质押、继承等处分。我国的《公司法》《村民委员会组织法》《民事诉讼法》等法律法规和文件均可以为上述集体资产量化确权工作提供法律依据。

### （三）集体资产量化确权改革具有充分的调研样本与论证基础

研究样本单位在实行改革之前曾进行了大量的调研，借鉴了《昭乌达路街道“村改居”社区集体资产管理调研报告》的经验，又派员先后考察了山东省临沂市兰山街道办事处前园社区的“居企分离”和呼和浩特市昭乌达路街道桥靠社区的“集体资产量化确权”模式，借鉴了其中的有益经验。

国内有关部门和专家学者就村集体资产股份制改革有关问题开展了大量研究工作，形成了一批研究成果，[①] 制定了一批方案意见，许多地区在实施集体资产股份制改革过程中积累了丰富的经验，这些都为样本单位及其他单位的改革提供了可参考借鉴的实践依据。

### （四）集体资产量化确权改革具备良好的群众基础

基层治理是国家治理的根基，基层经济管理机制的创新与人民群众的

---

① “农村集体产权制度改革和政策问题研究”课题组：《农村集体产权制度改革中的股权设置与管理分析——基于北京、上海、广东的调研》，《农业经济问题》2014 年第 8 期，第 40~44 页；潘丹、周金龙、周应恒：《中国农村集体产权制度改革政策的变迁与趋势——基于 2010—2020 年 76 份政策文本的量化分析》，《中国农业大学学报》2022 年第 6 期，第 278~289 页；李泰廷：《浙江省农村集体产权制度改革的实证研究——基于嘉兴、丽水农村集体产权制度改革实践的考察》，《中国农学通报》2022 年第 11 期，第 129~136 页；高灵芝、胡旭昌：《“村改居”后集体资产处置的个案剖析——以济南市槐荫区前屯居为例》，《长白学刊》2004 年第 4 期，第 82~85 页；尹栾玉、隋音：《村改居社区治理共同体的构建路径探析——以北京市昌平区霍家营社区为例》，《社会治理》2022 年第 2 期，第 79~87 页。

实际利益密切相关。只有取得人民群众对集体经济组织对集体资产之经营管理工作乃至制度改革创新的认可，让广大群众平等参与量化确权改革全过程、共享改革发展成果，才能实现习近平总书记在视察深圳市龙华区时所提到的："人人参与、人人尽力、人人共享。"① 研究样本单位在集体资产量化确权改革前，其党总支曾先后多次组织党员和村民进行学习动员，邀请专家宣讲党的十九大精神，组织学习农村集体产权制度改革政策，统一了村民的思想认识。在集体资产量化确权改革推进过程中，对如何最大化利用集体资产进行了充分酝酿并且反复征求了村民意见，村民积极拥护村集体资产量化确权改革，并经两委会、村民代表会、党员代表会及村民大会讨论通过，为改革奠定了良好的群众基础。

## 四　从研究样本透视当前集体资产量化确权改革创新之先进性

通过研究样本集体经济组织对于其资产进行量化确权并取得突出成果的过程，可以发现其改革实践中彰显了如下先进性。

### （一）其基层党组织的能动性得以充分发挥，彰显了基层党组织的创造力，发挥了党组织在经济建设中的引领和带动作用

"村改居"后，研究样本单位居民基本实现小康生活，S 市场公司能否带来经济收入并不影响居民生活质量，但研究样本单位党总支在新发展理念指导下，意识到市场公司的运营既无速度也无质量，如果市场公司的经营方式不革新，不仅难有发展，还会坐吃山空。于是，党总支为扎实推进 S 市场公司经济高质量发展，提出了集体资产量化确权改革，在改革工作实施以前前往全国各地汲取先进经验与样本，探索出了符合该地区实际情况的具体的创新实践内容与工作流程，并领导这一改革顺利完成，使市场公司暨集体经济行稳致远，社区党群干群关系越发融洽，社区社会更加

① 何新生：《人人参与 人人共享》，《光明日报》2021 年 4 月 10 日，第 7 版。

和谐稳定。

### （二）于改革创新过程中及时摸清了集体资产的家底，堵住了高利贷黑洞

通过清产核资的两步（清理债权债务资产和资产评估），明晰了集体经济组织产权及债权债务情况。S 市场公司的外债基本在改革前和改革中以“以房抵债”形式进行了偿还，1.5 分至 3.5 分的高利贷的“无底洞”被堵死，集体资产实现了保值。同时，已经完成的集体资产量化确权也能反方向从机制上保障后续集体资产管理账目与权属的清晰明了，使该集体资产的经营管理进入良性循环。

### （三）盘活了集体经营性资产，增加了村民财产性收入

样本村集体在民主讨论、合理估价、张榜公示的基础上，完成了集体经济组织成员身份界定、经营性资产量化确权、股权证到人的改革工作，既盘活了集体资产，又可以在优化经营管理层和经营管理模式的情况下，实现集体资产的增值。2018 年 5 月 S 市场公司盈余 300 多万元，公司代持人会议通过第一次股利分配方案，将总计 1851750 元（每股 500 元）分到了股民手中，2019 年 1 月 3 日进行了第二次派发股利（每股 500 元）。

### （四）完善了集体经济法人治理结构，增强了盈利能力

改革前，受多方面因素的影响，农村集体经济组织对于其集体资产的经营管理普遍存在机制僵化、自我封闭、模式不灵活的问题，还有的集体其全资的公司与村委会的领导班子存在一定程度的重合，而样本中的 S 市场公司更是只有一名执行董事兼经理负责公司的全面工作，改革后重新选举、任命董事会、监事会和经理层，使公司在《公司法》的框架下依法科学运营，实现集体资产的增值。改革前，居企不分，居委会职能和公司管理层职能混同，居委会管理和支配 S 市场公司的资产。改革后，利用现代企业制度的优势，厘清了居企的关系，增强了公司盈利能力。

### （五）坚持城乡融合发展，关注人民群众的切实利益，注重“村改居”社区的和谐稳定

“村改居”社区集体资产量化确权改革，使得“村改居”工作推进了关键的一步，消除了原村民对新并入社区居民参与集体资产分配的顾虑，促进了城乡产业、资本、人员等深度融合，推进了城乡一体化发展，保障了部分群体特别是弱势群体、特殊人群及少数民族人民的权益，有效化解了长期积累的矛盾纠纷和历史遗留问题，使得社区更加和谐稳定。

### （六）以独特的方式坚持和体现党的民族政策，力求实现形式与实质民族平等的均衡

研究样本单位在本次改革过程中，其党总支全面贯彻党的民族政策，高举各民族大团结旗帜，把民族团结落实到改革的具体工作中，改革领导小组中有少数民族成员，发挥了其建言献策、协调关系、引导群众、化解矛盾的作用，且对于所有少数民族股民均多分得一股，维护了多民族 S 村的团结稳定，促进了 S 村的发展，虽然 S 村的这一做法不能在全国照搬套用，但也有一定的现实意义。

## 五　从研究样本透视当前集体资产量化确权改革创新的探索进路

### （一）探索进路

总体来说，研究样本单位的改革创新取得了各方面的突出成效，其探索了“村改居”社区产权制度改革新路径，提供了集体经营性资产量化确权改革新范式，其模式具有一定的借鉴参考意义。全国各地有诸多“村改居”社区，这些社区因地理位置等因素而有大量集体资产，S 村的集体资产量化确权改革为“村改居”社区的集体资产量化确权提供了“S 方案”。具言之，可以将研究样本村集体之集体资产量化确权改革中值得借鉴的经验总结为以下几点。

1. **总体思路**

《中共中央、国务院关于稳步推进农村集体产权制度改革的意见》系农村集体产权制度改革顶层设计文件，各级地方政府依据其中的指导精神以及党的十九大报告，也相应出台了实施方案或意见。但方案或意见亦均为宏观指导性文件，多为方向性、原则性内容。如何结合各单位实际，贯彻落实各级文件精神，依法全面稳妥推进集体产权制度改革工作，实现城乡融合发展，是当前亟待解决的问题。各地方集体经济组织应当依据党的上述指导工作精神以及《村民委员会组织法》《公司法》等法律文件的规定，围绕以人民为中心，把握新时代主要矛盾变化对“村改居”社区工作提出的新要求，借助公司法人独立财产权制度发挥集体所有的优越性，调动股份确权到人后个人的积极性，限制股权部分权能，实现集体资产收益的社会保障功能的总体思路来推进集体经营性资产产权制度改革创新工作。

2. **指导原则**

集体资产量化确权改革工作的具体推进，需要遵循以下原则。

（1）坚持中国共产党的领导。党是领导中国特色社会主义的核心力量，是现代化建设顺利进行的根本保证。集体资产量化确权改革，需要在上级党委的科学指导和党总支的坚强领导下进行，整个改革过程中，要体现党的领导与民主自治、依法治村的有机统一，确保改革在党的领导下，科学安排、统一筹划。各级政府要统一部署实施集体资产量化确权改革工作，针对具体“社区”精准施策——细化“村改居”社区集体资产量化确权改革的意见和实施方案，并给予直接指导。例如研究样本单位改革领导小组成员不但涵盖所有党总支成员，还有普通党员代表。领导小组中的党员同志和其他党员同志均充分发挥了党员的模范带头作用，使改革成为党带领群众不断实现美好生活，应对新时代我国社会主要矛盾变化的重大举措；与此同时，税务、民政、工商等部门要协同给予政策支持。对于“村改居”社区集体资产量化确权改革要给予明确的税务等优惠，使改革后承载集体经济的主体及在改革过程中相应主体继续享受原村集体经济组织的各项优惠政策，不因集体资产分配至村民个人等改革过程而产生额外的“税收损失”。

（2）把握正确改革方向。集体资产量化确权改革要充分发挥市场在资源配置中的决定性作用，明确农村集体经济组织市场主体地位，完善村民对集体资产的股份权能，把实现好、维护好、发展好广大村民的根本利益作为改革的出发点和落脚点。研究样本单位以原有的 S 市场公司为载体进行的股权制改革，使集体经济实现了保值增值，促进了集体经济发展和村民持续增收。

（3）坚持因地制宜、试点先行。既要保证集体资产量化确权改革工作的统一实施，又要注重与各“村改居”社区实际相匹配，不能“一刀切”。“S 方案”虽有其可借鉴之处，但也不能完全照搬，要与各“村改居”社区实际相结合，在对集体资产进行处置时要杜绝一次性分光吃净。“村改居”社区集体资产对于组织成员来讲，不只是有财产性收益，更有其独特的社会保障功能。如果只图眼前利益，分光吃净，失地居民无基本的保障，返贫的可能性一旦变为现实，将严重影响社会和谐稳定。试点积累经验，渐进推行。“村改居”社区集体资产量化确权改革涉及面广、影响大，因此，不可直接全面改革，要广泛调研，先行试点，积累经验，再全面推开。

（4）尊重村民主体作用，支持村民创新创造，充分进行民主讨论，把选择权和决定权交给村民，确保村民知情权、参与权、表达权、监督权，将公开、公正、公平贯穿于改革始终，让村民真正成为改革的参与者和受益者。基层党组织要引领群众树立和践行新发展理念，调动群众积极性、主动性、创造性，不断开创集体资产量化确权改革发展新局面。研究样本单位集体资产量化确权改革的前期酝酿阶段，党总支根据群众提出的不同意见，将改革方式由村民集资偿债改为分割部分商铺抵债。在全体村民大会通过方案后，又进行了一轮征询意见，书面契约显示村民百分之百拥护集体资产量化确权改革。另外，在整个改革过程中，重大环节、事项均发布公告或经过村民代表会或党员代表会讨论，广泛凝聚共识，形成改革合力。

（5）坚守法律政策底线。坚持村民集体所有不动摇，防止集体资产流失；坚持村民权利不受损，不能把村民的财产权利改少了、改没了。研究样本单位在改革过程中，对公司股权的转让、赠与等权能进行保护性限制，防止内部少数人控制和外部资本侵占，从制度层面保障"村改居"社区失地居民生活质量不下降。改革坚持规范操作，整个改革工作各个环节均是按照党的十九大提出的"深化农村集体产权制度改革，保障农民财产收益，壮大集体经济"的任务，《中共中央、国务院关于稳步推进农村集体产权制度改革的意见》、中共呼和浩特市赛罕区巧报镇委员会《关于S农贸市场股份改革等相关问题的通知》的政策精神和要求，以及《村民委员会组织法》《公司法》进行的。

（6）加强契约理念和法治精神的倡导。契约本质体现了依法管理的现代法治精神。民主议事、民主决策在签订契约的过程中实现，所签订契约的执行落实便是民主管理的过程。"村改居"社区集体资产量化确权贯以契约化操作有其法治理论基础和现实经济社会发展基础，符合我国国情和传统。"村改居"社区集体资产量化确权过程中的重大事项都要形成书面契约。使各程序变得公开透明，群众的知情权、参与权、决策权和监督权得到充分体现和发挥。

**3. 具体举措**

各地方集体经济组织开展集体资产量化确权改革可以通过以下方式进行。

（1）在资产的清算处理与分配上，对"村改居"社区集体经营性资产进行清产核资，明确净资产总额，进而根据集体成员的身份确认情况，将经过量化的净资产通过契约文件的合理安排配股给有资格的原集体成员，进而使农民变股民，实现集体资产产权明晰。

（2）在成员"股份"权利的行使上，明确成员获取集体资产收益分红的具体机制。例如国务院农业农村部曾调研发现，"云南、四川、福建、安徽等省份绝大多数地区的集体经济组织尚未对其成员进行分红"，[①] 原

---

① 《农村集体资产股权股份法律性质界定问题》，农业农村部政策与改革司网站，http://www.zcggs.moa.gov.cn/zcygggw/202111/t20211126_6383076.htm，最后访问日期：2023年2月21日。

因包括各集体经济组织刚刚开展的集体资产量化确权改革尚未形成集体收益或收益较少等，但部分地区集体已经有一定收益，却仍未分红，多将收益用于基础设施、公共服务，或用于公共积累进一步壮大集体经济。如果长期不向成员分红，成员将缺少“获得感”，难以享受改革红利，长此以往可能会失去对集体的融入感、信任感、归属感，影响集体事务的参与度。因此需要确保集体成员对于自己“股份”之权能的知晓、知悉，确保成员能够真正实现其对于集体资产的收益权，实现原集体成员以股权的形式享有和行使“集体资产”的法定权利。

（3）在集体资产经营管理运行机制上，全面理顺独资企业与集体经济组织等行政管理组织以及其他市场主体之间的关系，实行居企分离，避免“所有者缺位”，杜绝“内部人控制”。确立村委会与公司之间的正确关系，明确村委会和公司的不同地位，两个法人主体的事权、人权、财权相互独立，使公司成为经营自主、盈亏自负的市场竞争主体；明晰公司党支部、股东会、董事会、监事会的关系。改革后企业要继续配置党组织并重新选举和确定公司董事、监事及高级管理人员，推动实现政经分离，减少对其经营管理的行政干预，使其尽快适应市场竞争；引入集体资产管理经营人才，建立健全集体资产管理、资产处置、财务管理、收支管理等各项制度和管理方法。例如研究样本的改革方案规定量化确权后，全体股东代表依据《公司法》和公司章程相关规定选举公司的董事会、监事会，由董事会根据实际需求决定是否聘用职业经理人及其他高级管理人员，并完善管理人员的具体岗位设置和管理制度，使公司进一步焕发出生机活力，并在人员选聘方面优先对本村符合条件、有能力的人员进行选聘。

（4）协调和扩展公司业务。如协调原村集体土地范围内的新建小区物业由“村改居”社区公司管理等，增加失地居民再就业岗位；引导公司投资政府主导的 PPP 项目等投资周期较长、回报率较高、风险系数较小的基础设施建设项目，解决集体资产保值增值问题。除此之外，还可以探索由公司法律顾问为居民个人投资提供法律、政策咨询服务，尽量保障失地居民拆迁款投资安全。

（5）工作前置、重视监督、提前谋划、多措并举。应在整村改造的同时进行集体资产量化确权改革工作，在整村改造结束时，原村集体资产量化确权也随之结束，实现真正彻底的“村改居”，实现全过程、全方位的监督。监察委等部门提前介入，使改革秉持公平、公正、公开原则，规范操作程序，严禁弄虚作假及违法侵害集体经济组织及其成员权益。

## （二）法治化、契约化之考察

“村改居”社区集体资产量化确权工作目前仍停留在各地区的改革创新实践中，我国基层有大量的集体经济组织，各地的实践经验在最终上升到法律制度的过程中，需要寻求一条法治化和契约化的道路。这条法治化与契约化的创新实践之路应当包括如下内容。

### 1. 成立改革领导小组并制定科学方案

应当在基层党组织的领导下组建改革领导小组，以保证集体资产量化确权工作积极稳妥地推进。改革领导小组根据《村民委员会组织法》具体负责集体资产量化确权改革工作的组织领导、改革方案的执行、具体问题的决策和组织实施工作。例如研究样本单位履行征求意见、思想动员、教育引导、酝酿方案等程序，并聘请专业中介机构介入改革工作，负责改革政策、改革方案的研究和制定工作，为确保改革稳妥、有序进行，将领导小组的议事规则比照《公司法》董事会议事规则确定：17名成员不因职务调整而变动；改革领导小组审议事项作出决议，参会人员至少9人，表决以参会人数少数服从多数为通过原则，并将该方案草案经两委会、村民代表会、党员代表会讨论通过，在方案草案经全体村民大会通过后由改革领导小组落实。

### 2. 清产核资及资产与股权设置的法治探索

集体资产量化一般应委托有资质的资产评估机构对纳入股份制改革范围的资产进行评估，明确集体资产数额。研究样本单位资产评估报告显示评估范围包括市场院内未进行抵顶债务的房屋、土地等。研究样本单位在方案中明确：对于本次未列入的资产，如需纳入改革后企业，评估后可直接按方案摊入股民股份或纳入代持集体股股东名下归全体股东所有。

《公司法》规定，有限责任公司股东最多为50人，研究样本单位的改革领导小组为公司今后发展引资考虑，决定依据《最高人民法院关于适用〈中华人民共和国公司法〉若干问题的规定（三）》第25条等规定采取代持制，代持人控制在48人以内。因此，部分股东股份在工商注册时需要将股份委托其他股东代持。代持的原则为股民自由组合（未成年人由其监护人代持或向外委托代持）。改革后的公司要置备工商注册股东名册、公司实际股东名册、代持协议、持股登记表。被代持人的股利、分红由代持人代为领取或由公司董事会决定直接由公司向实际股东分配，被代持人的选举权、表决权由代持人代为行使。

研究样本单位集体资产量化确权改革在企业形式上的选择是使用现有的S市场公司以50名以下显名股东代持部分人员股份的形式。具体为村委会将235万实缴注册股份无偿转给股民（工商注册为代持人），此种情形因原股东已经完全履行了出资义务，新股东不会因改革而承担更多的出资人义务。集体资产按前述股份比例进行量化确权到人。

研究样本单位对于股东权利作出了限制性规定。集体资产量化确权改革目的是实现集体资产的保值增值，保障村民基本的生活权利。因此，改革后：股民所分得的股权未经公司董事会书面同意，不得向股民外的单位和个人转让及设定抵押担保等；股民之间一年内也不得转让，可以转让时须经过董事会同意；股权可以依法继承。

**3. 探索认定股东身份及配置股份的法律根据**

股东身份认定及股权设置依据《村民委员会组织法》由村民自主决策。研究样本单位在党总支的领导下，于2012年制定了（2017年改革时有所变更）有关股民身份认定及股份分配方案①，并由村民代表会、党员

① 注：（1）原配股方案具体如下。2003年12月31日前具有集体经济组织成员身份的村民每人分得5股；2004年1月1日至2006年12月31日具有集体经济组织成员身份的村民每人分得4股；2007年1月1日至2009年12月31日具有集体经济组织成员身份的村民每人分得3股；2010年1月1日至2012年3月16日具有集体经济组织成员身份的村民每人分得2股；少数民族村民，每人多分1股。（2）此次改革适用前述配股方案并有如下补充。2012年3月16日未配股的仍然不配股；2017年12月31日前去世的、户籍迁出的不配股；2012年3月17日至2017年12月31日24：00新增人口（以派出所户籍登记为准）按每人1.5股配股。

代表会通过后公示。研究样本单位的改革原则上不设集体股，使股民真正当家作主。考虑改革创新性和现实情况复杂性的需要，暂时保留 2.68%的集体股，村委会指定专人代持，但该股不具有表决权，收益亦归 S 市场公司所有，由全体股东支配使用。

根据上述清产核资、身份界定及配股方案，对每人持有的股权数①进行量化。量化方法为：资产总额除以股份总数得出每股对应金额；每人持股股本金额为确定的股数乘以每股对应金额。具体量化结果由改革领导小组确认后提交村民代表会、党员代表会讨论通过后，向村民发放股权证书。

## 六　结语

乡村振兴战略在价值、制度及组织三个维度上的创新是新时代的必然产物与必经之路。“村改居”的过程同样需要各地方结合本地实际创新机制、激发活力、拓展路径，这样才能加快集体经济发展。其中，价值维度上的创新是根本方向，制度维度上的创新是重要保证，组织维度上的创新是强劲支撑。这些创新耦合形成乡村振兴发展的不竭动力，将日益推动乡村振兴由蓝图走向现实。研究样本单位的 S 市场公司自改革后经营管理平稳且富有成效，但该 S 市场公司的量化确权改革亦是在“村改居”后开展的，目前其集体经营性资产量化确权改革基本完成。因此，S 市场公司下一步的运营管理还需多方发力，共谋发展。对于其他即将进行“村改居”的村落，建议将集体资产处置即量化确权工作前置，提前谋划、精准施策。

① 研究样本单位股民总计 811 名，股份数为 3704.5 股。

# Research on Scientific Innovative Management of Community Collective Assets of "Village to Residence" Under the Background of Rural Revitalization

—Taking the Quantification and Confirmation of Ownership of Collective Assets in S Village (S Market Company) as an Example

Jiang Lei, Yang Yannan

**Abstract**: Collective asset management is an important starting point for the realization of rural revitalization strategy and innovation-driven development strategy. After urbanization, how to deal with the original rural collective assets has become the key and difficult point of the follow-up work of "village to residence", especially the management and development of collective economy. Through literature research and field investigation, the sample research on the results of quantitative ownership determination reform of collective operating assets in S village found that, "village-to-residence" community collective operating assets quantification right determination reform should innovate the management and right determination path of collective assets, and allocate the quantized net assets to qualified original collective members through reasonable arrangement of contract documents, realize that the original collective members enjoy and exercise the rights of "collective assets" in the form of equity. Take advantage of the independent property right system of corporate legal person to give full play to the superiority of collective ownership, mobilize the individual enthusiasm after the share right is confirmed to the person, limit part of the power of equity to realize the social livelihood security function of collective asset income, driving urban-rural integration development through management innovation of collective asset equity system.

**Keywords**: Rule by Law; "Village Transformation into Residence"; Collective Assets; Contractualization; Joint-Stock Reform

# 四　权利法研究

# 城市权利的法律表达：价值意蕴、规范内涵与实现路径*

张恩典　乐淑珍**

**摘要：**在资本和权力双重因素主导下，现代城市化进程滋生了大量空间排斥和空间隔离的现实问题。传统以私人财产权为中心的自由主义法权理论在很大程度上是现代城市问题的制度根源，难以回应现代城市不正义问题。城市权利以城市差异正义为价值追求，在缓解城市化进程中的不正义问题方面发挥着重要功能。在价值取向上，城市权利内含着公平性、参与性和多元性这三维价值目标，展现了对人的尊严和主体性地位的尊重。在权利属性上，城市权利兼具一元性权利和多元性权利的双重属性。作为一元性权利的抽象城市权利，确定了人们基于人性而普遍享有城市权利的道德性资格，是权利的权利；而作为复数多元性权利的城市权利，兼具第一代政治权利、第二代社会经济权利和第三代集体权利的属性和面相，是抽象城市权利的具体呈现。在实现方式上，城市权利宜采程序主义的实现路径，建构以参与对话为核心的"协商型"程序建制，促进和保障城市权利的实现。

**关键词：**城市权利　城市正义　城市规划　差异正义　程序主义

---

* 本文系国家社科基金重大项目"习近平法治思想中的民生保障理论研究"（项目批准号：21&ZD190）的阶段性研究成果。

** 张恩典，法学博士，南昌大学法学院副教授，研究方向为数据法学、行政法学；乐淑珍，南昌大学法学院硕士研究生，研究方向为法律史、法理学。

## 一　问题的提出

城市化进程创造了具有高度现代性的城市文明，现代城市亦成为居住、就业、医疗、休闲等诸多稀缺资源的汇聚地，成为财富与机会的“中心”。现代城市所汇聚的各种资源和机会，吸引着来自不同社会阶层的人。然而，随着城市化进程的加快，城市生活的社会排斥和隔离现象，以及由此呈现的城市空间正义问题日益凸显出来，也触动了人们敏感的神经。如何消除城市化进程中暴露出来的诸多问题，实现“都市正义”，成为包括法律学者在内的诸多社会科学研究者关注的焦点问题。

在众多解决方案中，将城市权利作为解决城市空间排斥问题的一个基本思路，已经为不少学者所重视。但是，考察梳理目前有关城市权利的研究现状可以发现，目前国内学者的研究尚存在以下不足之处。首先，既有的城市权利研究主要集中于城市社会学或者空间政治学领域，这些学科的研究主要聚焦于城市权利在现代城市化进程中所具有的功能和正当性，且基本沿袭了早期城市权利的“批判性”和“反抗性”色彩。我们从美国学者戴维·哈维关于城市权利的论述中就得以窥见，这一权利具有显著的批判性特征：“主张城市权利即是一种对城市化过程拥有某种控制权的诉求，对建设城市和改造城市方式具有某种控制权的诉求，而实现这种对城市的控制权需要采用一种根本的和激进的方式。”① 值得特别指出的是，已有学者指出空间政治学视角下的城市权利研究在理论渊源上呈现杂糅不清的状态，使得有关城市权利的研究正处于“十字路口”，亟待在理论渊源和研究进路上加以进一步澄清。② 其次，法学视角的城市权利研究存在明显不足。近年来，已有青年学者对城市权利进行法理层面的理论解析③、

① 〔美〕戴维·哈维：《叛逆的城市：从城市权利到城市革命》，叶奇茂、倪晓辉译，商务印书馆，2014，第 5 页。

② 参见 Mehmet Baris Kuymulu，“The Vortex of Rights：‘Right to the City’ at a Crossroads”，*International Journal of Urban and Regional Research*，Vol. 37，No. 3，2013，pp. 923-940。

③ 刘辉：《城市权利的法理解析》，《苏州大学学报》（法学版）2018 年第 3 期。

类型解释[①]以及具体制度层面的构造分析[②]，上述研究对于深化法学界对城市权利这一现代城市化进程中的新兴权利的认识无疑具有重要价值。但是，公允而言，目前法学视角的城市权利研究尚处于探索阶段，亟待从理论深度和广度上予以展开。法学视角的阙如，导致目前的城市权利研究陷入一种尴尬境地。由于缺乏规范内涵，目前，城市权利仅止步于空间政治学者在理论上的集体呐喊，而无法付诸法律实践。无怪乎学者发出这样的感叹："城市权从来就没有得到保护，也从来没有自由地获得过。从来也不存在城市权，也不清楚谁拥有城市权。"[③]

鉴于城市权利诞生于空间政治学者研究中，且具有高度的批判色彩，我们认为，当务之急是要实现城市权利的法律化和规范化，从而使得这一权利真正成为一项面向实践的"规范性"权利。实际上，亨利·列斐伏尔在后期的研究中也认识到了城市权利研究需要逐渐从抽象的空间政治维度研究转向更为具象的研究。"辅之以差异权、信息权，城市权利应当对公民作为城市居民和多种服务使用者的权利进行修改、具体化，使之更具实用性。"[④] 基于此，本文将在继承城市权利研究的批判性传统，反思传统自由主义法权理论困境基础之上，从价值取向、谱系定位、规范内涵以及实现路径等维度对城市权利展开较为系统的研究。

## 二 城市"不正义"的制度根源：自由主义法权理论逻辑之反思

考察"城市权利"概念的历史会发现，"城市权利"这一概念最早是由法国学者亨利·列斐伏尔在20世纪60年代提出的。从提出伊始，"城

① 姚尚健：《城市权利：解释及分类》，《哈尔滨工业大学学报》（社会科学版）2015年第2期。

② 赵哲：《城市权利及其法律构造》，《苏州大学学报》（社会科学版）2017年第3期。

③ 〔美〕唐·米切尔：《城市权：社会正义和为公共空间而战斗》，强乃社译，苏州大学出版社，2018，第37页。

④ Henri Lefebvre, *Writings on Cities*, translated and edited by Eleonore Kofman, Elizabeth Lebas, Oxford: Blackwell Publishers Inc., 1996, p. 34.

市权利”概念所指向的问题就是资本主义社会城市规划、建设和发展中的“不正义”。在此之后，“城市权利”这一概念为越来越多的城市社会学和空间政治学研究者所关注，并呈现从批判性的权利诉求走向规范化的法律权利的趋势。城市权利的兴起，源于自由主义的法权理论和制度在回应现代城市空间不正义方面的无能为力。总体而言，现代法律制度建基于自由主义法权理论，其间虽几经其他理论学说的修构，但是自由主义仍是构筑现代西方法律制度大厦的理论基石。然而，自由主义法权理论和制度却难以回应和解决现代城市开发和建设中普遍存在的不正义问题，甚至与现代社会致力于建构“正义之城”的理念相背离。

第一，自由主义强调个人财产的保护与现代城市的公共性之间明显的张力。在繁复的自由主义法权理论和制度结构之中，个人财产权理论和制度占据了重要地位。在自由主义者所鼓吹的诸多自由之中，个人财产权是人类享有和法律保护的重要自由。诚如学者所言：“财产权当然是我们政治和经济生活的一项根本制度。《宪法》正是保护财产权利的众多法律渊源之一，而缺乏一定类型的财产权，市场经济也将难以为继。”[①] 因此，自由主义的法权理论强调对个人财产权，特别是私人所有权的保护，以此为理论基础建立的法律制度则旨在为个人所有权提供制度保障，正是通过法律制度对产权归属与边界的清晰界分，个人的创造欲望得以激发，个人的价值得以实现，个人的自由得以保障。

“私人财产权是受法律保护的公民权的一种形式，人们发现，它深深地存在于与所有权联系于一起的资源利用、独享和资格获取的一整套假设之中。”[②] 就城市建设和发展而言，自由主义所倡导的以私人财产为中心的法权制度，强调对个人财产权利边界和归属的清晰界定，为土地、原料等的交易流通提供了前提性条件，为市场机制功能在城市建设中的充分发挥奠定了产权基础，为促进资本向城市迅速大规模投入和积累、实现城市

① 〔美〕斯图尔特·班纳：《财产故事》，陈贤凯、许可译，中国政法大学出版社，2017，第 3 页。

② 〔英〕加文·帕克、乔·多克：《规划学核心概念》，冯尚译，江苏教育出版社，2013，第 148 页。

短期内快速转型升级提供了制度保障。城市也随之成为一个实现商品交换价值的主要场域。在资本主义的城市化进程中，空间也为资本所俘获，成为一种可以交易并赚取丰厚利润的商品。亨利·列斐伏尔在分析资本主义的城市发展逻辑时便洞察了资本主义与空间的微妙关系："资本主义是靠着对空间的征服和整合来维持的。空间已经不再是被动的地理背景或无意义的几何环境，它已经具有了工具性。"[①] 在现实的城市化进程中，以私人财产为中心的法权理论和制度导致土地、房产等城市空间资源落入那些在整个社会中占据优势地位的资本精英和权贵精英手中，导致城市空间的私人化，使得城市空间分配中滋生了大量的不公。自由主义"关于财产的法律，以及当下权利的法理学，都在妨碍、建立通道或者实现公共空间的'占领'和'使用'中发挥作用"。[②] 由此可见，强调私人所有的自由主义法权理论和制度与理想的现代城市具有的公共性和开放性之间不相契合，在很大程度上构成了现代城市诸多不正义的重要根源，有学者针对私人财产权造成的城市不公正问题，提出了"城市公共财产权"的概念。[③]

第二，自由主义关于个人的原子式理性人之理论预设与现代城市市民之间的差异性存在明显抵牾。从主体预设角度观之，自由主义法权制度建立在"理性人"的理论预设基础之上。传统私法理论建构和制度安排则集中彰显了"理性人"的形象和标准。[④] 自由主义者为我们勾勒了一个自私自利的理性人形象，为了呈现一个具有普遍性的理性人形象，自由主义者所进行的"理性人"形象的理论建构是高度抽象的，在抽离了作为个体存在的个人在生理、心理、能力等诸方面存在的差异的基础上，将人勾勒成一个自私自利的理性经济人的形象。客观而言，"理性人"的理论建构对于整个自由主义市场秩序，乃至整个人类社会秩序的构建具有重要价值。

---

① 转引自〔英〕彼得·桑德斯《社会理论与城市问题》，郭秋来译，江苏凤凰教育出版社，2018，第 139 页。

② 〔美〕唐·米切尔：《城市权：社会正义和为公共空间而战斗》，强乃社译，苏州大学出版社，2018，第 36 页。

③ Antonia Layard, "Property Paradigms and Place-Making: A Right to the City; A Right to the Street?", *Journal of Human Rights and the Environment*, Vol. 3 No. 2, 2012, pp. 254-272.

④ 叶金强：《私法中理性人标准的理论建构》，《法学研究》2015 年第 1 期。

同时，这一理论建构也契合了自由资本主义工业发展时期对于标准化的追求。但是，看似完美无缺的“理性人”理论建构同样具有明显的缺陷。

一方面，理性人的理论乃至制度建构虽然获得高度的同一性，但其是以牺牲人的差异性为代价的。从表面上看，自由主义似乎是尊重人的差异性，但实际上，以个人主义为典型的自由主义与强调同一性的社群主义一样，也是否认差异性的。在现代社会中，人的形象是复杂多面的，既呈现理性经济人的一面，也呈现生态人、社会人等形象。可以说，现代社会中的人是“复合人”，这意味着主体之间存在显著差异。理想的现代城市则应当成为现代社会复合人聚集、交往的空间。现代城市是一个多元主体共同生活的开放空间，生活于其间的人们在价值观念、行为表现、利益诉求等方面均呈现高度的异质性。因此，可以毫不夸张地说，差异性成为现代城市生活的基本样态和基本价值追求。现代城市规划和建设需要充分尊重多元主体的差异性，然而，自由主义的法权理论和制度设计并未给予现代城市生活中人们的差异性充分的尊重。艾利斯对以个人主义为核心的自由主义法权理论潜藏的这一问题提出了质疑，她认为：“个人主义假定自我是一个坚固的、自足的个体——不被其自身之外的任何人或任何事定义，从而否定差异。其形式主义的权利伦理也通过将所有孤立的个体置于共同的权利标准之下而拒斥了差异。”①

另一方面，以理性人标准为基础的法权制度片面追求所谓形式正义，鼓励人与人之间的博弈和竞争，而忽视了对弱者的保护，罔顾了社会公正。在城市化过程中，以理性人标准为基础的法权理论和制度造就了一个个孤立、自我的城市人形象，生活于城市空间的人们造成了城市居民在空间上的隔离，并加剧了城市居民之间的冷漠、疏离、对立乃至对抗。由此可见，自由主义法权理论和制度难以回应现代城市中多元主体追求开放包容的现代都市生活的美好愿景。

第三，自由主义法权理论和制度难以回应现代城市规划建设中的参与性要求。自由主义者柏林将自由区分为消极自由和积极自由。自由主义的

---

① 〔美〕艾丽斯·M. 杨：《正义与差异政治》，李诚予、刘靖子译，中国政法大学出版社，2017，第 276 页。

法权制度总体上建立在保障和维护消极自由基础之上。消极自由主义观念强调作为个体的人享有免受来自外部，尤其是政府干预、强制的自由。这一自由观念下，普通个体专注于个人的私人事务，对公共事务则表现冷漠。构筑在自由主义基础之上的民主制度是代议制，即将公共事务交由社会精英来管理。由此可见，基于消极自由的法权制度并未给公众参与留下太多空间。在城市规划建设中，由作为技术专家规划设计师主导的理性主义规划理论和制度模式则是自由主义理论深刻影响的产物，这一规划理论强调技术专家在规划中的主导性地位，而排斥城市居民，尤其那些在城市中没有固定居所的“漂泊者”的参与权。

总体上，以自由主义为基础的法权理论和制度体系是一种“针对自然”“面向自然”的法权体系。青年学者许小亮博士从亨利·列斐伏尔的“自然”和“第二自然”（second nature）等概念界分中获得灵感，认为传统权利体系是“针对自然的权利”体系。“针对自然的权利”具有双重意蕴：一是针对外在于人的自然世界的权利主张和要求，如传统意义上的财产权利；二是针对人之自然本性所拥有的权利主张和要求，如自由、自主以及平等权利。[①] 我们认为，“针对自然的权利”体系具有高度封闭性，而且在这一权利体系内部，各个权利之间边界泾渭分明，归属明确，强调对作为权利客体的自然的“所有”。然而，在作为现代人类文明造物的“城市”场域与作为上帝馈赠的“自然”场域之间存在显著差异。现代理想城市生活中所具有的公共性、开放性、包容性等因素，意味着现代城市空间需要一种不同于传统“面向自然”的法权体系，即“面向城市”的法权体系，这一法权体系旨在减少和消除城市空间生产和分配中的不正义。

## 三　寻求正义之城：城市权利的价值取向

在现代社会中，某种权利话语的兴起，实则反映出特定时代背景下人

---

① 许小亮：《都市权利的基础与本质》，《苏州大学学报》（哲学社会科学版）2019 年第 2 期。参见 Henri Lefebvre, *The Survival of Capitalism: Reproduction of the Relation of Production*, translated by Frank Bryant, New York: St. Martin's Press, 1976, p. 15。

们的某种诉求，而这种新兴权利的正当性在很大程度上蕴含在其所追寻和捍卫的价值之中。目前，许多学者在论及城市权利时，更多地聚焦于城市权利的功能，却很少论及城市权利作为现代城市社会中的一项新兴权利内涵的价值意蕴。我们认为，在现代社会中，城市权利的正当性实则蕴含于这一特定权利形态的价值追求之中。

问题在于，作为一种新兴权利，城市权利究竟蕴含着怎样的价值目标呢？法国著名城市空间政治研究学者亨利·列斐伏尔关于城市权利的批判性理解，有助于我们理解城市权利为何会在现代城市文明中逐渐兴起。在亨利·列斐伏尔眼中，城市权利更像是来自城市中的贫困人口、流浪者等那些游走在城市边缘的人们的“哭泣和诉求”。[①] 在这种“哭泣和诉求”背后，折射出现代城市化进程中滋生的大量不正义，政府部门、大型商业机构、跨国公司占据了城市的中心，而有色人种、低收入群体等则被迫栖身于城市的边缘。值得一提的是，伴随着一些传统工业城市的衰落乃至枯竭，原本生活在城市中心的上流阶层开始由城市转向城市郊区，而原本在城市周边的贫民则被迫向衰落的城市中心集聚。[②] 标榜“现代性”的城市文明正在背离其文明初衷，以一种野蛮的方式生长、蔓延开来。在现代城市文明的扩张中，我们看到了作为文明的副产品——阶层的地域性隔离。在福柯笔下描绘的古典时代文明进程中的那些被放逐的“愚人船”中，我们似乎可以窥见现代一些地方的城市化进程的影子。[③] “将群体、阶级、个体从‘都市’中排出，就是把它们从文明中排出，甚至是从社会中排出。拒绝让一个歧视性的、隔离性的组织将它们从都市的存在中排出，进入都市的权利为这种拒绝提供了合法性。”这种市民的权利，“宣告了以隔离为基础而建立起来的与正在建立的那些中心所不可避免的危机：这些决

① Henri Lefebvre, *Writings on Cities*, translated and edited by Eleonore Kofman, Elizabeth Lebas, Oxford: Blackwell Publishers Inc., 1996, p. 158.

② 关于城市兴衰的描述和分析，参见〔美〕爱德华·格莱泽《城市的胜利：城市如何让我们变得更加富有、智慧、绿色、健康和幸福》，刘润泉译，上海社会科学院出版社，2012，第38~63页。

③ 〔法〕米歇尔·福柯：《疯癫与文明：理性时代的疯狂史》，刘北成、杨远婴译，生活·读书·新知三联书店，2012。

策的中心、财富的中心、权力的中心、信息的中心、知识的中心，将那些不能分享政治特权的人们赶到了郊区”。[①] 当普通民众在现代城市化中被频繁驱逐、隔离时，民众急需一种“权利话语”来表达自己对城市化进程的种种不满。作为一种话语形式的“城市权利”，则旨在矫正城市这一特定场域中的不正义，亦即通过赋予那些弱势群体城市权利来共同建造一座“正义城市”。[②] 由此可见，城市权利是以追求城市正义为最终价值依归的。

然而，需要进一步追问的是，城市权利所追寻的城市正义究竟包含哪些要素？所谓的正义城市的评价标准究竟有哪些？这些问题实则关涉城市权利的法律构造所孜孜以求的价值目标这一重要理论和实践命题。我们认为，城市权利所追求的城市正义既不同于强调绝大多数人的最大幸福的功利主义正义观念，也不同于基于康德“绝对命令”的义务论正义观的新型正义观，而是一种在充分肯认现代城市的显著差异性特征基础之上的差异正义观。作为差异正义观的城市正义包含以下三维价值意涵。

### （一）公平性

公平性是城市权利的重要价值目标。自人类社会进入资本主义工业文明以来，城市文明作为现代性的重要标志取得了迅速的发展。城市成为现代人生活的基本场域，其中聚集了大量的资源和机会。人们之所以向往大都市，究其根本，在于大城市提供了人们生存与发展的大量资源和机会。考察现代城市的发展史可以发现，当今的城市化是在权力和资本主导下展开的，资本在与权力联姻之后，主导着整个城市空间的生产和分配，通过对城市的开发建设，少数权力精英和资本精英获得巨额利润，并掌握城市空间和城市内的各种有形或无形的资源，而城市中的贫民和外来人口，则被排斥在城市的边缘，甚至隔离于城市生活之外。在现实中，城市空间分配的不公直接导致人们接触城市教育、医疗等公共资源和机会的不公，那些处于城市边缘的人们在很大程度上被减少乃至剥夺了接触城市公共资源

① 〔法〕亨利·列斐伏尔：《空间与政治》，李春译，上海人民出版社，2015，第 13 页。

② 〔美〕苏珊·S. 费恩斯坦：《正义城市》，武烜译，社会科学文献出版社，2016。

的机会，[①] 而这无疑将进一步加剧城市的两极分化和隔离。

包括亨利·列斐伏尔、戴维·哈维等都市文化研究的权威学者都对资本主义城市规划和建设中的不公进行了强烈批判。索亚更是将资本主义城市比作不平等的重要来源。在他看来，“工业资本主义城市不仅是一台生产不平等的机器，而且是一个产生危机的导火索”。[②] 城市空间的生产和分配会呈现、固化乃至加剧不同种族、阶层等之间既有的不平等。诚如美国政治学者艾丽斯·M. 杨所指出的：“今天的城市中充斥着各种社会不公正。在企业资本和官僚体制的宰制之下，城市以及生活在城市中的人们往往是渺小无力的。城乡之中私人化的决策过程，不断生产和加剧着不平等和压迫，并在城市内部和城乡之间不断造成和加剧隔离与排斥，从而助长了剥削、边缘化和文化帝国主义。”[③] 正是洞悉了资本主义城市建设和规模高速扩张中普遍存在的对城市资源的高度垄断，以及由此引发的社会排斥和隔离问题，学者才提出城市权利这一新的权利形态。实际上，从这一权利诞生的历史背景便可以发现，其中蕴含着人们要求进入城市，以及对包括城市空间在内的诸多城市资源进行公平分配的诉求。但是，需要指出的是，这里所追求的城市诸多资源公平分配，并不是以“个人所有”为基本方式的资源分配，而是建立在城市资源共有性前提之下，向城市居民以及流入城市的外来人口的公平开放。换言之，其追求的并非建立在私有基础之上城市善品“交换价值”的公平分配，而是建立在共有基础之上城市善品“使用价值”的公平分配。

### （二）参与性

参与性也是城市权利包含的一个重要价值追求。城市并非天然的自在之物，而是资本、权力、利益、技术、文化等一系列因素共同作用的“虚假自然”。一方面，城市这一特定空间构成了人们参与私人生活、社会交

---

① 〔加〕梁鹤年：《旧概念与新环境：以人为本的城镇化》，生活·读书·新知三联书店，2016，第218页。

② Edward W. Soja, *Seeking Spatial Justice*, London: University of Minnesota Press, 2010, p. 89.

③ 〔美〕艾丽斯·M. 杨：《正义与差异政治》，李诚予、刘靖子译，中国政法大学出版社，2017，第274页。

往乃至公共治理的基本场域；美国学者唐·米切尔便指出："权利之争经常进入地理学的冲突中，就像最高法院关于公共论坛学说的发展那样。空间、场所和位置不仅仅是权利竞争的舞台，而且还是权利斗争形成的场所；不仅仅是生产性的，而且服务于一种结构化的建构。"① 另一方面，城市空间的规划和构造因关涉城市居民的切身利益，城市空间规划本身故而也成为人们参与的重要事项。一个城市规划设计的合理与否，将直接或间接关涉和影响生活于其间的每个个体的生活质量和身心感受。就此而言，每一位生活于其间的市民均享有一种参与其中的程序性权利。凭此权利，其能够对城市的形成和更新表达自己的观点和利益诉求，参与到与其生活密切相关的城市规划设计、空间布局等一系列决策过程之中去。

戴维·哈维指出："在某种社会空间中的分配位置意味着不同的作用，行动能力和权力的获得。对于评价行为和认同行为来说，（以物质方式和比喻方式）使事物获得位置是根本性的。定位和生产位置对于任何社会秩序的社会发展、社会控制和获得权力都是基本的。"② 然而，放眼现代城市化进程可以发现，在城市空间生产和建构过程之中，权力和资本占据主导地位，而居于其间的普通市民却被排斥在外，并被迫接受强势权力与资本对城市空间的生产和分配结果。世界各国的城市化进程中出现的令人厌弃的"贫民窟"，实则是当代城市空间资源生产、建构及分配不公的生动写照。美国学者亨利·丘吉尔在谈到美国 20 世纪四五十年代的城市规划时指出："规划都是有权有势的既有利益者的特权，'平民对他们根本无法管控'，他们非常自然又熟练有效地运用规划作为手段来达到他们自己的目的。"③ 虽然这一评论距今已有几十年，但是，其所指出的问题在当下城市规划与建设过程中表现得同样很突出。普通民众实际上被普遍地排斥在事关城市空间生产和建构的城市规划决策制定过程之中，这种对城市弱者参与决策过程的拒斥，既加剧了城市空间资源和其他资源分配的严重不

① 〔美〕唐·米切尔：《城市权：社会正义和为公共空间而斗争》，强乃社译，苏州大学出版社，2018，第 73 页。

② 〔美〕戴维·哈维：《正义、自然和差异地理学》，胡大平译，上海人民出版社，2015，第 302 页。

③ 〔美〕亨利·丘吉尔：《城市即人民》，吴家琦译，华中科技大学出版社，2017，第 62 页。

公，也严重伤害了人的自主和尊严。诚如美国公法学者杰瑞·马肖所言："我们的自尊受到侵犯，不仅仅是在我们的权利受到不允许我们参加的程序影响的时候，而且是在我们被界定或创设我们所拥有的权利的社会决策程序排斥在外的时候。"① 正是当前城市建设过程中强势资本与弱势普通市民之间力量上呈现出较大的不均衡和不对等状态，导致了城市规划和建设等一系列决策过程中的排斥现象，才在现实中引发了来自城市中边缘者要求"城市权利"的呐喊，以及法律学者呼吁赋予城市中的弱者以城市权利，以确保其能够参与到城市规划和建设之中，在城市空间的生产与建构中表达自己的观点和利益诉求。

### （三）多元性

传统社会将同一性作为重要的价值追求，专制政权对同一性的追求尤甚。法国学者阿兰·图海纳在谈到专制政权的同一性偏好时指出："专制政权总想在文化上使一个社会整齐划一，以便对个人和那些在经济利益、政治观点和宗教信仰上千差万别的群体实行绝对的控制。"② 多元性与同一性是截然对立的。英国法学家约瑟夫·拉兹认为："多元论常被用来指示这样一种立场，据此不同的生活方式与不同的善观念应该得到宽容，而不管其道德价值如何。它表达的观点是存在许多不同且不兼容的有价值的生活方式。"③ 多元性是城市权利的重要价值追求。究其原因在于，首先，与传统社会不同，现代社会是一个异质性社会，社会主体的观念思想、利益诉求和文化样态呈现多元性。相较于呈现高度同质化的乡村而言，居于其间的城市市民呈现更多的流动性和多元性。其次，城市是时空的造物。"时间和空间一旦形成，就成为使物、人、关系、过程和事件具有个性并

---

① 〔美〕杰瑞·马肖：《行政国的正当程序》，沈岿译，高等教育出版社，2005，第191页。

② 〔法〕阿兰·图海纳：《我们能否共同生存？——既彼此平等又互有差异》，狄玉明、李平沤译，商务印书馆，2003，第214页。

③ 〔英〕约瑟夫·拉兹：《公共领域中的伦理学》，葛四友主译，江苏人民出版社，2013，第139页。

获得同一性的首要手段。”[①] 一方面，历史、文化的沉淀赋予每一座城市特殊的文化底蕴，也构成了栖息于此的人们的集体记忆。另一方面，“城市是多样异质文化与文明在一定空间中的聚集”。[②] 多样化的观念、文化呈现在现代城市这一特定场域之中。相对于高度同一的传统乡村，现代城市是差异的空间。对多元性和异质性的尊重，展现了现代城市生活的基本价值追求。这意味着，在现代城市规划和建设中，同样应当尊重栖息于其间的人们在生活方式、价值偏好、利益诉求和文化样态等诸多方面存在的异质性和多元性，作为在现代高度异质的城市生活和场域中诞生的新型权利，城市权利实则表达了城市中的弱者和少数族群对差异性生活的追求和向往。

然而，在由资本和权力所主导的城市化进程中，以效率为导向的片面追求却导致了差异性的放逐。“在以理性的名义对均质化加以肯定和认可的分析过程中，对都市空间所进行的这种不同的分析消失了。这些分析过程并不致力于统一的模式，而是对等物。它所趋向的，是一系列的逻辑（交易的逻辑、规划的逻辑等等），而不是要强调这些差异。”[③] 在资本与权力双重逻辑的作用下，不仅市民的多元利益诉求、多样化的生活方式等容易被忽视，而且一个城市原本具有的多样性文化也容易被肆意破坏，未能得到充分的尊重和保护。艾丽斯·M. 杨为我们勾勒了一幅理想的城市生活的图景：“在理想的城市生活中，自由导向了群体分化，形成了各种亲缘性的群体，但这种群体的社会与空间分化并不包含排斥。”[④] 生活于现代城市这一特定场域的人们通过城市权利这一话语，表达了其对多元化的利益诉求、价值偏好和生活方式的追求。

综述之，现代都市是一个典型的异质性空间，城市权利是确保人们进

---

① 〔美〕戴维·哈维：《正义、自然和差异地理学》，胡大平译，上海人民出版社，2015，第 300 页。

② 陈忠：《城市权利：全球视野与中国问题——基于城市哲学与城市批评史的研究视角》，《中国社会科学》2014 年第 1 期。

③ 〔法〕亨利·列斐伏尔：《空间与政治》，李春译，上海人民出版社，2015，第 56 页。

④ 〔美〕艾丽斯·M. 杨：《正义与差异政治》，李诚予、刘靖子译，中国政法大学出版社，2017，第 289 页。

入城市这一特定空间场域，获取城市资源和机会，并能够参与城市规划、设计与治理，进而过上一种有尊严的城市生活的基本权利类型。一方面，公平性、参与性和多元性构成了城市权利的基本价值追求，也为城市权利注入了价值内涵；另一方面，城市权利所蕴含的公平性、参与性和多元性的三维价值亦彰显了人的主体性，体现了对人的尊严的尊重。

## 四　城市权利的规范表达

高速发展的现代城市文明构成了城市权利诞生的时代背景，加速的城市化进程中充斥的“非正义”则呼唤城市权利的法律化与制度化。在探究城市权利的规范表达之前，需要解决一个前提性问题，即在明确城市权利的属性基础之上对其加以适当定位。

### （一）在一元与多元之间：城市权利的双重性质

追溯权利理论与实践的历史谱系，根据权利内容的差别，可以将权利界分为三个代际：第一代权利主要涉及公民政治自由层面，即公民政治权利；第二代权利主要涉及经济、社会等个人生存方面，即经济社会权利；第三代权利主要涉及集体，通常是一个集体所享有的权利，例如，少数民族语言权、民族自决权等。[①] 因此，也将第三代权利称为集体权利，以区别于前两代以“个人”为主体的权利类型。

作为城市化进程中兴起的一种新兴权利，城市权利在权利代际谱系中如何定位着实是一个亟待在理论和实践中加以澄清的问题。城市权利的谱系定位实则关涉这一权利的属性。在这一问题上，学界仍存争议。[②] 目前，城市权利的谱系争议主要聚焦于以下两点：第一，城市权利究竟是排他性的个人权利还是共享性的集体权利？第二，城市权利是政治权利，还是社

---

① 关于权利理论的代际谱系分析，参见 Jeremy Waldron, *Liberal Rights*: *Collected Papers 1981-1991*, Cambridge: Cambridge University Press, 1993, pp. 1-34。又参见邱本《论人权的代际划分》，《辽宁大学学报》（哲学社会科学版）2017 年第 3 期。

② 关于城市权利属性争议的梳理，参见 Kafui A. Attoh, “What Kind of Right is the Right to the City?, *Progress in Human Geography*”, Vol. 35, No. 5, 1996, pp. 669-685。

会经济权利？公允而言，上述关于城市权利的认识都只是看到了城市权利的某一个维度，缺乏全面系统描绘，失之偏颇。

**1. 作为复合多元权利的城市权利**

我们认为，对城市权利谱系的合理定位，需要回归到居于其间的人们对城市的需求层面，方有可能予以澄清。作为栖息于城市或打算栖息于这一特定场域的人们而言，城市作为一个空间场域载体，应当为其提供表达观点的空间，为其提供生活所需要的基本资源和机会，为其提供多样化生活的可能性。这些需求构成了城市权利产生的现实基础。联合国住房和城市可持续发展大会筹备委员会（“人居三”）编写的题为《城市权和人人享有的城市》的文件指出：“城市权的构想是：确保所有居民有能力获得城市资源、服务、物品和城市生活的机会；使公民负责任地有效参与地方政策；使政府能够确保公平分配资源，并确认社会文化多样性为一种促进社会之源。”① 城市权利实际上意味着人们要求进入城市、规划城市以及分享城市资源和机会的权利，并希冀借助这一权利话语以克服城市规划、建设和资源分配中长期存在的不公正问题，确保城市规划、建设和资源分配等一系列活动的公正性。

人们对于城市的需求是多层次、多方面的，意味着城市权利必然呈现复合多元样态，而是包含多种权利子集的权利束。首先，城市权利具有第一代政治权利的属性，具体表现为两个方面。一方面，城市权利蕴含着人们要求参与城市管理活动的政治诉求；另一方面，作为特定的空间载体，城市公共空间是人们表达政治观点的特定场域。其次，城市权利具有第二代社会经济权利的属性。为了满足生活于城市这一特定场域空间的人们的需求，城市的公共空间资源、就业机会、公共设施应当向生活于其间的人们开放，为人们的生存和发展提供各种经济社会条件，保证居于其间的人们能够过上体面的生活。并且，城市权利意味着城市应当具有开放性，亦即城市的上述资源，应当向那些渴望进入城市生活的人们开放。最后，城市权利呈现第三代集体权利的面相。后现代的城市是一座呈现高度开放

---

① United Nations, *Policy Paper 1: Right to the City and Cities for All*, July, 2016.

性、多元性的场域。城市权利强调对城市传统文化、生活方式的尊重，旨在建构一座包容多元文化、价值和生活方式的正义之城。而强调尊重城市文化或特定居民的生活方式的城市权利，显然体现出第三代集体权利的特征。因此，我们认为，从权利谱系上观之，作为具有多元复合权利内容的城市权利是一个呈现政治权利、社会经济权利和集体权利等多维权利面相的权利束或框架性权利。

**2. 作为一元性权利的城市权利**

关于城市权利的复合多元属性的定位体现了城市权利内容的丰富性和多元性。但是，多元复数的权利定位在丰富城市权利内容的同时，亦在消解这一权利本身，因为按照城市权利的多元属性定位，城市权利更多只是一个装载着多种权利子集的容器。如果城市权利能够被适足住房权、平等就业权、教育权等权利类型所全部涵盖，那么按照“奥卡姆剃刀原理”，将“城市权利”作为一个独立的概念提出来，便没有多少实际意义了。因此，我们需要从更深层面来理解和定位城市权利。

我们认为，除了表现为多元复数形态的“rights”之外，城市权利还应当被定位为超越多元复数权利的一元性“right”。作为一元性权利的“城市权利”意为基于人的主体性而对都市社会享有的一种道德性资格和地位。相较于具体的“多元权利”定位而言，关于城市权利的一元性权利定位更为抽象，也更为基础。作为多元复数权利的诸种具体城市权利形态，都是直接来源或者派生于具有主体资格和地位的一元性城市权利。故而，一元性城市权利是统摄和派生诸种具体城市权利形态的“元权利”（meta-right），是诸具体城市权利之“权利”来源。① 之所以需要从理论层面抽象出作为一元性权利的城市权利概念，主要是基于理论和实践的双重考虑。

首先，从理论层面观之，由于缺乏同一的基础性权利概念，多元性复数城市权利处于高度的分裂状态，甚至对立状态，并最终导致城市权利的内部抵消和消解。一元性城市权利既能够为复数多元的具体城市权利形态

① 许小亮：《都市权利的基础和本质》，《苏州大学学报》（哲学社会科学版）2019 年第 2 期。

提供权利基础，也能够打破具体权利形态之间存在的割裂和分离状态，有助于构建不同于面向自然的传统权利体系的现代城市权利体系。

其次，从实践层面观之，一元性城市权利为表面上充满歧义的复数多元的城市权利提供了一个可资运用的共同的权利概念。借助于这一一元性的城市权利概念，权利主张者得以发现、揭示，乃至反思那些表面看似相互分离的、多元的利益诉求背后所潜藏的实质关联性，并挖掘潜藏于复数多元的城市权利背后的“基本公共利益”，而这一“基本公共利益”则成为联合多元权利主体的基本驱动力。[①] 此时，一元性城市权利便发挥着凝聚多元主体共识的功能，一元性城市权利成为那些主张具体形态的城市权利共同分享的“权利宣言”，尤其是为那些处于边缘、孤立状态的城市弱者提供了联合起来进行抗争的“理论武器”。

### （二）规范内涵：城市权利的三维面相

根据《城市权和人人享有的城市》的界定，城市权利被认为是今世后代居民占住、使用和建成公正、包容和可持续的城市的权利，是一种关系城市生活质量的共同利益。城市权利的多维面相，意味着城市权利在规范表达上具有多个维度。本文将结合域外制度文本对作为多元权利的城市权利的多维面相和主要内容加以解析。

从权利的层次和内容上，可以将作为多元性的权利束的具体城市权利分为以下三个层次来加以理解。

第一，要求城市空间公正分配的权利。诚如学者所言：“城市权利是一种与地理、空间密切相关的权利。正如领土、空间是构成国家的基本物质前提一样，作为城市的‘领地’的地理、空间则是城市的基本物理构成，地理性、空间性达成了城市与城市权利的基本特征。”[②] 主张对城市空间和其他公共资源进行公正分配是城市权利的一项基本内容。基于这一

---

① Peter Marcuse, “Rights in Cities or Right in the City?”, in Ana Sugranyesy, Charlotte Mathevet edited, *Cities for All: Proposals and Experience Towards the Right to the City*, Santiago: Habitat International Coalition, 2010, pp. 88-90.

② 陈忠：《城市权利：全球视野与中国问题——基于城市哲学与城市批评史的研究视角》，《中国社会科学》2014年第1期。

权利，居于其间的人们有权公正地获得城市的空间资源以及关涉其日常生活的其他生活条件，包括享有公园、街道等城市公共空间和城市公地。除此之外，还包括主张获得城市基本生活资源和设施的权利，以及公平获得城市医疗、教育、机会的权利等。在很大程度上，人们是否具有、能否获得、可否共享基本的居住、生活、教育、社会保障、发展机遇等条件和资源，已经成为衡量城市权利水平高低的基础指标。[①] 由此可见，城市权利并非一种抽象性的权利，而是一种与人们的日常城市生活密切相关的权利形态。

第二，主张城市社会文化多样性的权利。"一个成功的多元文化的社会是一个'由尽可能多的个人生活构造起来的社会'"，[②] 是一个个人按照他们怎样接受与别人的相似与差异，进而设计自己的交流和相互作用过程的社会。现代城市是多元价值观念、利益偏好的高度聚集场域。城市权利作为一种蕴含多元性价值追求的集体权利形态，能够以包容性心态尊重和接纳不同主体和群体在性别、身份、宗教、传统、集体记忆、文化和经济做法及社会文化表达等诸多方面的多样性和差异性。作为维护和实现社会文化多样性权利的城市权利包含了以下几个层面的内容。(1) 赋予栖息于特定城市空间的人们继续拥有传统生活方式和生活习俗的权利。"所有真正有人居住的空间都承载着家的观念的本质。[在此] 记忆和想象联系在一起，相互深化对方。在价值的秩序中，它们共同构成了记忆和意象的社区。"[③] 一座城市所独有的城市文化常寓于一代代普通人的日常生活中，这些经历漫长岁月积淀下来的生活习惯和方式，连同发生在特定城市空间，尤其是城市公共空间的事件，构成人们关于一座城市的集体记忆。而城市这一特定的空间载体，也承载着过去、现在和未来生活于其间的人们的"集体记忆"。这一关于城市的集体记忆弥足珍贵，是法律应当加以保

① 陈忠：《城市权利：全球视野与中国问题——基于城市哲学与城市批评史的研究视角》，《中国社会科学》2014 年第 1 期。

② 〔英〕露丝·芬彻、库尔特·艾夫森：《城市规划与城市多样性》，叶齐茂、倪晓晖译，中国建筑工业出版社，2012，第 135 页。

③ 〔美〕戴维·哈维：《正义、自然和差异地理学》，胡大平译，上海人民出版社，2015，第 350 页。

护的重要价值。人们可以基于城市权利来保留城市中的历史遗址和景观等人们关于城市的“集体记忆”。(2) 赋予栖息于其间的人们选择自己生活方式的权利。从历史维度看，每一座古老的城市都有其共同的“集体记忆”。同时，现代城市更多的是一个陌生人社会，人们的价值偏好趋于多元，城市权利意味着在城市规划、建设过程中，应当尊重栖息于城市空间的人们按照自己的意愿和偏好生活行事的权利，只要这种意愿和偏好未违反法律的规定。(3) 保护城市生态环境的多样性的权利。城市生态环境的多样性是开展城市规划和开发建设活动必须严守的生态“红线”，在城市规划建设过程中应当尽可能保护生态环境的多样性，或者将对城市生态环境的破坏减少到最低。同时，栖息于其间的人们还可以要求建立更多的城市绿色空间，以享受有质量的城市生活。

第三，参与城市规划治理的权利。参与城市规划和治理是一项关系城市空间生产的“政治”。一方面，以参与城市规划治理为内容的城市权利呈现政治权利的面相；另一方面，“城市权利不能简单地解释为个人权利。它需要集体努力，需要围绕社会团体进行集体政治的塑造”。[①] 通常而言，在现代社会，市民以及城市郊区的人们参与城市规划和城市治理活动主要基于以下两个方面的理由。一是利益上的攸关性。城市规划、设计和开发建设等一系列活动都与生活于城市，以及那些拟纳入城市规划区域范围的城市郊区的人们的利益密切相关。在一个民主社会中，城市规划者和城市治理者需要回应人们的利益诉求。这种利益上的相关性，也使其有动力也有必要参与到城市规划和治理之中。二是知识的有用性。现代城市规划和治理具有高度的复杂性，需要运用到多种建制化的科学知识和地方性知识，而作为长期栖息于城市的人们往往掌握着城市规划者和治理者所不具备的知识。从这个意义上讲，人们参与城市规划和治理具备正当性。

“参与的权利和对使用价值的拥有就是城市权的体现。”[②] 参与城市规

---

① 〔美〕彼得·马库塞等主编《寻找正义之城》，贾荣香译，社会科学出版社，2016，第62页。

② 刘怀玉：《社会主义如何让人栖居于现代都市？——列斐伏尔〈都市革命〉一书再读》，《马克思主义与现实》2017年第1期。

划和管理构成城市权利的重要内容。具体而言，作为参与城市规划治理权利的城市权利包含以下内容。（1）参与城市规划的权利。城市权利不仅是进入和拥有城市的权利，还包括设计和塑造城市的权利。[①] 这意味着，在城市规划更新决策中，居于其间的人们以及受城市规划潜在影响的郊区民众都有权参与到这一决策过程中，并且能够就城市规划决策表达自己的观点和利益诉求。在此过程中，居民参与城市规划决策过程享有阅卷权、建议权、陈述申辩权、评议权等一系列程序性权利。（2）参与城市治理的权利。一方面，现代化城市治理水平的高低在很大程度上决定了生活于其间的人们的生活质量。另一方面，参与城市日常治理也彰显了人的主体性，具有重要意义。就此而言，参与城市治理是现代城市人的一项重要权利。参与城市治理的权利意指生活于城市这一特定空间场域的居民，有权利参与城市治理过程。从参与的领域而言，居民有权参与交通、卫生、环境、社区服务等诸多城市治理领域。从具体的子权利形态上，与城市规划的参与权利大致相同，兹不赘述。

总之，城市不仅是一个地理空间，而且是一个政治空间。在这个特定空间场域之中，集体意志的表达成为可能。城市既是一个团结的空间，也是一个冲突的空间。城市权利代表了建立一种人们能够有尊严地生活的正义城市的可能性。在这样的“正义之城”中，人人得享尊严而体面地栖居于城市之中，人们被认为是城市结构的一部分，能够平等分配各种资源，如劳动、卫生、教育和住房，以及诸如参与和获取信息等象征性资源。城市权利是每个人创造满足人类需求的城市的权利，所有人都应享有建设他们想要的不同类型的城市的权利。[②]

---

① Henri Lefebvre, *Writings on Cities*, translated and edited by Eleonore Kofman, Elizabeth Lebas, Oxford: Blackwell Publishers Inc., 1996, pp. 158-159.

② Charlotte Mathivet, “The Right to the City: Keys to Understanding the Proposal for ‘Another City is Possible’”, in Ana Sugranyesy, Charlotte Mathevet edited, *Cities for All: Proposals and Experience Towards the Right to the City*, Santiago: Habitat International Coalition, 2010, p. 21.

## 五　现代社会中城市权利的实现路径

城市权利诞生于快速城市化进程之中，旨在克服和缓解现代都市更新所面临的诸多问题。在明确了城市权利的规范内涵之后，随之而来的问题便是如何实现城市权利，即实现城市权利从“文本中的权利”向“行动中的权利”的跃升。

正如前文所述，根据权利地位和内容的不同，可以将城市权利界分为一元性城市权利和多元性城市权利，两者呈现抽象与具体的关系。作为抽象的一元性城市权利的实现，一个重要途径是在法律上肯认每一位公民，无论其是不是城市居民，都基于人性而平等享有对都市社会的道德性资格。而作为复合多元性的城市权利的实现则不仅需要在法律上对其加以肯认，而且需要设置相应的规则来加以实现。而且，需要特别指出的是，作为抽象的“元权利”的城市权利在现实场景中端赖并表现为诸种具体城市权利的实现。

应当看到，在城市化进程中，无论是实体性的城市权利，还是程序性的城市权利均面临供给不足的问题，亟待通过相应的制度机制来加以实现。可喜的是，近年来，政府已意识到城市化进程中的排斥和隔离所滋生的社会问题，并采取了一些举措。例如，在城市规划中推行更具包容性的规制、保障房政策，以解决城市化进程中的空间分配不公问题。这些政策“延续了规制国家的‘社会团结’理念，国家通过保障房配套建设的土地规划政策要求土地开发建设区域内不同阶层人群的混居，以此实现阶层融合的社会控制目标”。[①] 不可否认，这些实体性的权利实现路径，对于缓解城市空间、资源分配不均问题有所助益。但是，实体资源的供给却只能在一定程度上解决城市发展资源分配不公正的问题，而且仍会因为相关程序设置的不合理而进一步加剧诸多城市资源分配的不公。我们认为，在多元利益纠葛与冲突背景之下，公正合理的程序装置的建构之于城市权利的

① 卢超：《规制、司法与社会团结——美国土地开发负担政策的考察》，上海人民出版社，2016，第154页。

实现更为关键。因此，在城市权利的具体实现路径上，可以采取以程序启动实体的方式来实现城市权利，亦即通过充分赋予和保障人民的程序性城市权利，进而达到保障实体性城市权利的目的。

### （一）城市权利程序主义实现路径的合理性

程序在现代社会中的重要性已经为诸多法学者所一再强调。[①] 程序主义路径是通过一系列程序权利的有效配置和程序装置的合理设计来实现城市权利的。在城市更新中，程序主义路径的合理性主要包括以下三个方面。

首先，合理的程序建制有助于缓解城市更新中的利益和价值冲突。城市建设和布局常常涉及对城市人的城市空间的分配和调整、城市接触机会的分配等利益分配，以及潜藏于利益冲突背后的价值观念和生活方式的冲突。通过合理的程序建制，让观点、利益和价值等彼此冲突的多方主体参与到涉及彼此利益的都市更新决策过程之中，能够有效地吸收和缓释栖息于城市这一特定场域中的人们因城市更新产生的矛盾和冲突。

其次，合理的程序建制有助于都市更新共识的形成。在现代多元社会中，存在针对城市规划者和建设者开展的一系列都市更新活动。因利益、观念等存在差异，人们所持的立场趋于多元，这在客观上造成了在城市更新中形成共识的困难。法律程序为多元社会中寻求城市建设和开发决策的共识提供了制度装置。借由合理的程序建制，栖息于城市的人们能够表达各自的观点、诉求，并就城市规划和建设阐释各自的观点和理由，进行友好的协商论辩，并在此基础上形成城市规划和建设的共识。

最后，合理的程序建制有助于维护人的尊严。“尊严的不可侵犯性不是描述了一种优先于国家而被预先给予的人权，而是人权之所以优先于国家被预先给予的根据，也因此是人权自身的根据。”[②] 这意味着，人的尊严构成了法律的最高伦理总纲，人的尊严的维护和实现是法律孜孜以求的

① 季卫东：《法律程序的意义》（增订版），中国法制出版社，2011。

② 〔德〕瓦尔特·施瓦德勒：《论人的尊严——人格的本源与生命的文化》，贺念译，人民出版社，2017，第 2 页。

终极目标。在现代城市生活中，人的尊严的维护和实现不仅在于为人的生存和发展提供充足的物质条件，以保证人们能够过一种体面的物质生活，还在于通过合理的程序建制，保障栖息于城市这一特定场域的人们能够参与到城市规划和建设的决策之中，通过参与决策来彰显人的主体性，维护人的尊严。

### （二）建构以多元主体参与对话为中心的“协商型”城市更新程序建制

在现代多元社会中，无论是作为抽象的一元性城市权利的实现，还是诸如城市空间公正分配、主张城市社会文化多样性，抑或是参与城市治理等复数多元性城市权利的实现，均端赖于程序建制的科学设计与合理配置。从功能主义角度而言，程序建制的科学设计与合理配置旨在促成涉及城市规划、建设等一系列决策活动的正当性，进而达到保障人们城市权利的目的。

在现代社会中，城市规划理念以及建基于此的相关程序制度，需要为城市规划决策提供正当性基础。面对城市更新行为的复杂性和多阶性，城市规划决策需注意避免因缺乏有效的参与和科学合理的程序设计而陷入合法性危机之中。“过去以‘命令控制’为中心的行政程序建制已经捉襟见肘，而显现出向‘治理手段’为中心的过程控制发展。”①

在现代多元社会背景下，应当改变过去由行政理性和技术理性主导城市规划的格局，建构以哈贝马斯的“交往理性”为基础，以多元主体参与、协商、对话为核心的“协商型”都市更新程序建制。在“协商型”都市更新程序的具体设计上，可以根据协商内容和目的的不同，将协商机制区分为“信息获取型”与“利益协调型”参与程序建制。前者旨在通过多元主体的参与获取都市规划、开发或建设，以及城市治理等一系列都市更新活动所需要的知识和信息。因都市更新所需要的知识类型不同，可进一步将之区分为以获取专家知识为目的的参与与以获得地方性知识为目的的参与。后者则旨在通过多元利益主体的参与来妥善处理都市更新活动

---

① 覃慧：《治理时代行政程序法制的变革与因应研究》，北京大学出版社，2018，第3页。

中的多元主体的利益冲突，回应和平衡各方的利益诉求。但是，需要指出的是，根据现代协商民主理论，在现代社会中，公众参与的本质是协商论辩，而非对抗博弈。具体到城市规划和城市治理等都市更新活动中，普通民众参与这一过程的目的，也是通过参与到特定的程序平台中来发表其关于城市规划、城市治理等一系列涉及城市空间生产、建构和分配活动的观点和看法，表达其利益诉求，其本质是寻求城市规划决策与治理活动的正当性。

在“信息获取型”参与中，针对城市规划建设和治理中的科学技术层面的问题，在参与程序设计上则以专家参与程序为主，例如专家咨询程序制度等。为保证专家咨询的卓越性、独立性和透明性，需要建立严格的专家遴选机制，包括专家利益声明制度等。针对都市规划设计和城市治理中的地方性知识不足的问题，在参与程序上则设计为公众参与程序，具体包括公众意见调查、公民小组或焦点小组等程序机制。

在“利益协商型”参与中，核心在于促成不同主体之间就特定城市规划、建设和管理决策进行利益协商论辩。为了保证利益协商的有效进行，需要建立多元利益主体参与的程序装置，确保受都市更新决策影响的利益相关者均能够参与决策过程之中。通常，利益协商型参与的程序装置主要包括听证会、公听会、公民共识会议等制度建制。需要指出的是，“利益协调型”参与程序建制合理建构和配置的前提是合理地识别和区分利益相关者。基于不同主体与特定的都市更新决策的利益相关程度存在强弱之分，在程序设置上，需要根据公众受特定都市更新决策影响的强弱程度，将其区分为直接利益相关者和间接利益相关者，并选择配置与其利益相关程度相适应的合理参与机制，促成多元利益相关者就特定都市更新决策对话协商程序机制。

## 六　结语

“空间传统上被认为是一种普遍的、抽象的现象，并且服从科学规律，往往被看作一片能够定义的区域。”依据这种传统的或欧几里得的解释，空间是能测量的、能观察的和有限度的或有边界的。与传统理论对于空间的线性理解相一致，传统法学理论上通常将空间视为一个客观存在的背景或者外部环境。然而，现代的空间政治研究表明，与其说空间是客观存在的，倒不如说空间是社会建构的产物。具体的空间中总是充斥着各种社会竞争乃至斗争。批判社会理论研究者认为，空间是广义的权力——包括宏观权力与微观权力、正式权力与非正式权力斗争的场所，时刻上演着各种纷乱复杂的斗争："关于社会生产和社会再生产的斗争；不是旨在维系和巩固存在空间性的诸种社会实践，就是旨在深刻地重构并/或激烈地革新诸种社会实践。"[①] 城市空间则是资本、权力、权利、道德、伦理等各种力量角力的场域，城市空间在被以上各种力量改变、塑造的同时，也在潜移默化地影响着各种权力的微观运作。诚如美国学者戴维·哈维所言："我们全都卷进了一个资本主义城市化或不平衡时空发展的全球过程，即使那些国家，他们至少在名义上探索着一条非资本主义的发展道路和非资本主义城市形式。"[②]

以正义为最高价值追求的法律作为一股重要的力量，已经并将继续深度参与城市空间的塑造。为了能够在这一呈现高度差异性和不平等的城市空间政治行动中建立"正义之城"，实现差异正义，法律应该确定人们普遍享有"城市权利"的资格。阿玛蒂亚·森将权利理解为一种可行能力的赋予，亦即"权利即能力"。[③] 遵循森的"权利即能力"理路，城市权利意味着赋予栖息于城市以及城市郊区的人们一种进入城市空间，参与城市规划和城市治理，分享城市资源的能力，这实际上是处在现代都市文明场景中的人们应当具有的一项基本权利，借由这一权利，那些栖息于城市空间的人们得以在很大程度上减少城市生活中存在的诸多不平等现象，进而在"正义之城"中追求并过上理想且富有生机活力的市民生活。

---

① 〔美〕爱德华·W. 苏贾：《后现代地理学——重申批判社会理论中的空间》，王文斌译，商务印书馆，2004，第 197 页。

② 〔美〕戴维·哈维：《正义、自然和差异地理学》，胡大平译，上海人民出版社，2015，第 474 页。

③ 〔印〕阿玛蒂亚·森：《以自由看待发展》，任赜、于真译，中国人民大学出版社，2002。

# Legal Expression of the Rights to City: Value Orientation, Normative Connotation and Realization Path

Zhang Endian, Le Shuzhen

**Abstract**: Under the dual factors of capital and power, the urbanization process has spawned a large number of practical problems of spatial exclusion and spatial isolation. The traditional liberal legal theory centered on private property rights is, to a large extent, the institutional root of modern urban problems, which is difficult to respond to modern urban injustice. The rights to city which pursue the value of urban difference justice, play an important role in alleviating the injustice in the process of urbanization. In terms of value orientation, the rights to city contain the three-dimensional value goals of fairness, participation and diversity, and show respect for human dignity and subjectivity. From the right attribute, the rights to city have dual attributes of both unitary rights and pluralistic rights. The abstract of the rights to city, as a unitary right, determines the moral qualification of people's universal enjoyment of urban rights based on human nature, which is a right of rights; As a plural and pluralistic right, the rights to city have the attributes and aspects of the first generation of political rights, the second generation of social and economic rights and the third generation of collective rights, and are concrete manifestations of abstract city rights. In the way of realization, the rights to city should adopt the path of proceduralism, build a "deliberative" procedural system with participation and dialogue as the core, and promote and protect the realization of urban rights.

**Keywords**: The Rights to City; City Justice; City Planning; Difference Justice; Proceduralism

# 墨西哥最高法院及其多重解释：宪法健康权面临的挑战*

〔墨〕费尔南达·科博　索菲亚·查维尔 著　徐世泽 译**

**摘要：**在拉丁美洲，社会权利司法化已经成为一个现实，然而，在墨西哥，关于这一社会现象以及墨西哥最高法院在有效保障公民健康权方面的作用却很少有人提及。研究墨西哥最高法院审理和解决健康权相关案件（health-related cases）的方式，能使我们有效评估其在裁决支持或反对健康权案件上所发挥的作用。本文旨在通过分析墨西哥最高法院的判决（rulings），确定其是否构成或者能否构成墨西哥卫生健康系统变革的催化剂（catalyst）。本文对墨西哥最高法院的22个判决进行了系统的内容分析，审查了原告以及墨西哥最高法院所理解的（understood）诉求，以及法官在判决过程中所考虑的因素。对墨西哥最高法院关于这些案件的裁决所做的分析表明，墨西哥最高法院在适用宪法和传统原则上必须统一（uniform）和一致（consistent）以提高其判决的可预测性，并在回应经济、社会和文化权利所提出的新要求上保持创新。墨西哥最高法院应该在立法机关和行政机关之间保持中立立场，以提高其在法律或者政策不符合宪法和传统标准的时刻促进结构性改革（structural reform）的可能性。

**关键词：**社会权利司法化　健康权　墨西哥最高法院

---

* 原文发表于美国《国际宪法学杂志》（*International Journal of Constitutional Law*）2020年第18卷第4期。本译文关键词由译者所加，特此说明。

** 费尔南达·科博（Fernanda Cobo），墨西哥自动化科技信息学院法学院公共卫生法教授，研究方向为宪法学、卫生法学；索菲亚·查维尔（Sofíía Charvel），墨西哥自动化科技信息学院法学院副教授，研究方向为宪法学；徐世泽，中国社会科学院大学硕士研究生，研究方向为宪法学。

# 一　引言

在中等收入国家，尤其是拉丁美洲国家，健康权的司法化（Judicialization of the right to health）[①] 已成为一个趋势。拉丁美洲的各个法院在审理和裁判健康权案件时采用了不同的方式，一些法院拒绝执行积极权利（positive rights），而另一些法院则逐步提高了社会保护并积极改善其司法举措。[②] 现实情况是，法院可以通过司法审查来创设具有制度性意义的判决（structural rulings），并在这些判决中影响、改变（unblock）行政机关对健康权的消极态度。有些法院甚至还可以指令（mandate）行政机关去制定、执行或者修改公共健康政策。法院有能力发布对社会产生积极影响的判决，并促进政府与社会公众的友好协商从而解决健康权相关的问题。[③] 如何适用制度性判决（structural resolution）取决于宪法法院如何妥善处理不同类型的诉求，也取决于法院如何定义健康权，以及法院如何适用传统诉讼模式来裁决健康权。制度性诉讼（structural lawsuit）已被确定为“上游诉讼”（upstream litigation），专指法院围绕某个制度性症结并试图为解决该问题谋求更普遍的解决方案。[④] 与“上游诉讼”相反，“下游诉讼”（downstream litigation）侧重于实践需要，其目的是帮助生病且未获得所需健康服务的医疗患者。[⑤] 这类司法判决可以有效解决医疗患者时下的健康

---

① 健康权的司法化被定义为当个人或群体有充分的法律依据证实其健康权受到侵犯时，可以向司法机关就自身健康权或者与健康相关的权利提起诉讼，其中与健康相关的权利包括原告可就影响公共健康的政策、法规提起诉讼，例如起诉控烟管理法规。这个定义与 Octavio M. Ferraz 教授在其著作中提出的概念是一致的。参见 Octavio M. Ferraz, Harming the Poor Through Social Rights Litigation: Lessons from Brazil, 89 TEX. L. REV. 1643（2011）。

② Rodrigo M. Nunes, Ideational Origins of Progressive Judicial Activism: The Colombian Constitutional Court and the Right to Health, 52 LATIN AM. POL. & SOC'Y 67, 51（2010）.

③ Luisa F. Cano B., El litigio estructural en salud: Un estudio comparado con base en casos de Sudáfrica, Argentina, India y Colombia, 33 REVISTA FACULTAD NACIONAL DE SALUD P ÚBLICA 111（2015）.

④ Everaldo Lamprea, The Judicialization of Health Care: A Global South Perspective, 13 ANN. REV. L. & SOC. SCI. 431, 000 ¶ 18.3（2017）.

⑤ Everaldo Lamprea, The Judicialization of Health Care: A Global South Perspective, 13 ANN. REV. L. & SOC. SCI. 431, 000 ¶ 18.3（2017）.

问题，但不会对整个卫生健康系统造成实质性的影响。在一些国家，制度性诉讼已成为一个实践问题，因为法官有时会滥用职权（excess of functions）或违反三权分立原则而作出司法判决。巴西法院就出现了这种情况，其司法判决直接违反了行政机关制定的公共健康政策，并利用司法权力对这类行政行为进行司法审查。[①]

当法院决定通过影响、改变行政机关所制定的行政决议或政策来保护公民健康权时，法院的裁决会对整个公共健康系统产生巨大影响，并且可能违反三权分立原则。许多学者认为这种越权的司法倾向是不可取的，然而，一些学者提出了一个"中间立场"（middle ground）。这种立场强调一国的公共健康系统需要有一系列公平和审慎的程序以逐步实现健康权，同时允许法院来裁判这些程序是否实现实质公平。[②]"中间立场"需要法院通过适用司法三段论或公共导向的方式来裁判特定行政行为的合法性，而这同时取决于法官如何看待自己在福利国家（welfare state）建设中的作用。[③] 为此，在严守法律的前提下，法院可以在审理健康权案件时发挥司法能动作用。[④] 另外，法院可以采取消极态度限制健康权，就像哥伦比亚宪法法院 T-760/2008 号判决（Constitutional Court's Decision T-760/2008）对哥伦比亚的公共健康系统具有消极作用。[⑤] 这种变化旨在限制国家公权力，并提供一种司法救济措施来保护其宪法权利免受国家侵犯。[⑥]

---

① Ricardo Perlingeiro, Recognizing the Public Right to Healthcare: The Approach of Brazilian Courts, 32 REVISTA PORTUGUESA DE SAÚDE PÚBLICA 134 (2014).

② Norman Daniels et al., Role of the Courts in the Progressive Realization of the Right to Health: Between the Threat and the Promise of Judicialization in Mexico, 1 HEALTH SYSTEMS & REFORM 229 (2015).

③ Daniel M. Brinks & William Forbath, The Role of Courts and Constitutions in the New Politics of Welfare in Latin America, in LAW AND DEVELOPMENT OF MIDDLE-INCOME COUNTRIES 221, 239 (R. Peerenboom & T. Ginsburg eds., 2014).

④ Daniel M. Brinks & William Forbath, The Role of Courts and Constitutions in the New Politics of Welfare in Latin America, in LAW AND DEVELOPMENT OF MIDDLE-INCOME COUNTRIES 221, 239 (R. Peerenboom & T. Ginsburg eds., 2014).

⑤ Corte Constitucional [C. C.] [Constitutional Court], julio 31, 2008, Sentencia T-760/08 (Colom.).

⑥ Alicia Ely Yamin & Oscar Parra-Vera, How Do Courts Set Health Policy? The Case of the Colombian Constitutional Court, 6 PLOS MEDICINE (2009), https://bit.ly/3ifbko3.

哥伦比亚式诉讼（Colombian tutelas）仅是其中一种保护公民宪法权利的司法救济措施。在拉丁美洲，本文还发现另外两种不同的司法救济措施，并且这两种措施所引发的司法和社会影响不同。首先，本文发现有仅约束双方当事人的司法救济措施，其中包括墨西哥与阿根廷的宪法保护令（amparo）、监护令（tutela）、宪法权利保护令（the recurso de protección）和宪法权利安全令（the mandado de segurança）。[①] 其次，本文发现只有某些行政机关工作人员可以向法院提出具有广泛社会影响的（erga onmes-effects）司法救济措施，比如墨西哥违宪行为诉讼或宪法争议诉讼。如果该国宪法法院就此种具有多方效力的诉讼作出最终裁决，该诉讼必须层层通过司法机关审理，并通过多轮数次归纳分析才能生效。

研究人员对哥伦比亚、阿根廷和巴西等国对健康权诉讼和宪法法院的作用进行了归纳分析，但对墨西哥健康权的司法化程度和墨西哥最高法院（Suprema Corte de Justicia de la Nación，SCJN）促进健康权实现的作用尚未进行充分研究。这是因为墨西哥健康权诉讼量整体不多，以及公民提起健康权诉讼需要付出高额的成本。[②] 在2011年和2013年，由于墨西哥宪法制度得到一定程度的修改完善，以及墨西哥法院正在进行诉讼制度改革，诉讼流程得以简化，当事人更便于通过司法解决健康权争议。[③] 因此，最近墨西哥地区法院和墨西哥最高法院审理判决了比之前更多的与健康权相关的案件。[④] 一些文章表明，墨西哥最高法院裁判的案例主要涉及与医疗药物有关的宪法保护令诉讼（amparos related to drugs）、与地方医疗设施

---

① 哥伦比亚宪法规定，宪法保护令是任何公民在任何时间或任何地点通过简易程序向法院提出诉求，请求国家在他们的基本权利受到侵犯或威胁时立即保护他们的基本权利。参见 CONSTITUCIÓN POLÍTICA DE COLOMBIA 1998，art. 86。

② JOSÉ LUIS CÁRDENAS T，ALGUNAS REFLEXIONES SOBRE JUDICIALIZACIÓN Y ACCESO A MEDICAMENTOS：EL CASO DE BRASIL Y MÉXICO 288（2018）. 有关墨西哥健康权的宪法保护诉讼的进一步文献，参见 Alejandro Madrazo Lajous，Jimena Suárez Ibarrola，El derecho a la salud en México：Superando aspiraciones constitucionales mediante su exigibilidad fucking，in CIEN ENSAYOS PARA EL CENTENARIO：CONSTITUCIÓN POLÍTICA DE LOS ESTADOS UNIDOS MEXICANOS 403。

③ 参见 Ley de Amparo，Reglamentaria de los Artículos 103 y 107 de la Constitución Política de los Estados Unidos Mexicanos［LARACPEUM］，Diario Oficial de la Federación，02-04-2013。

④ 从2011年到2018年，墨西哥最高法院已经审理裁判了20多项与健康权相关的宪法保护、合宪审查和宪法争议诉讼。

资源匮乏有关的诉讼，[①] 以及其他与健康权相关的宪法诉讼。[②] 迄今为止，墨西哥相关研究人员仍未系统地研究健康权诉讼，并合理评估墨西哥最高法院在健康权诉讼中起到的变革和推动作用。本文认为研究墨西哥健康权诉讼具有重要作用，因为该类案件直接体现墨西哥司法对该国人民健康权的保护态度，同时对于研究者理解墨西哥最高法院审理健康权诉讼的裁决理念和方式至关重要。

本文旨在通过案例分析研究墨西哥健康权司法化的现象。国家行政工作人员（civil servant）侵犯公民权利的案件和审判中侵犯公民权利的案件将通过地区法院的间接保护诉讼（indirect amparo）进行审理。最终判决、仲裁裁决或以其他争议解决方式处理的案件将通过巡回法院的直接起诉（direct amparo）进行处理。[③] 一般来说，判决的效力是仅约束双方当事人（inter partes）的，但是，在某些情况下，一些判决可能会影响到判决以外的第三人。[④] 本文认为研究墨西哥最高法院的判决非常重要，因为这些判决反映了墨西哥健康权诉讼的相关特点以及健康权司法化的程度。同时，这些判决还确立了指导下级法院的遵循先例原则（precedents），影响将来法院审理健康权诉讼的司法裁判方式。此外，宪法健康权保护诉讼（amparo lawsuits）是普通公民因自身基本权利受到行政法规或是行政机关所作的行政行为直接或间接影响，而可以向法院提起的唯一诉讼类型。

本文的最终目的是研究墨西哥最高法院是否可以通过其健康权裁决起到推动墨西哥健康卫生系统良性变革的作用。本文将通过研究健康权诉讼上诉至墨西哥最高法院的原因、法官在审理过程中考虑的法律适用以及判决所引发的社会影响来实现这一目标。基于此，本文将基于墨西哥最高法

---

① Cardenas T, El litigio estructural en salud: Un estudio comparado con base en casos de Sudáfrica, Argentina, India y Colombia, 32 REVISTA PORTUGUESA DE SAÚDE PÚBLICA 288 (2014).

② Madrazo Lajous & Suárez Ibarrola, El derecho a la salud en México: Superando aspiraciones constitucionales mediante su exigibilidad judicial, at 417.

③ Ley de Amparo, Reglamentaria de los Artículos 103 y 107 de la Constitución Política de los Estados Unidos Mexicanos, arts. 107, 170.

④ Suprema Corte de Justicia de la Nación [S. C. J. N.] [Supreme Court of Justice of the Nation], Segunda Sala, 17 de septiembre de 2014, Minstro Luis María Aguilar Morales, Amparo en Revisión 350/2014 (Mex.).

院第一分庭（the first chamber）和第二分庭审理裁判的22个健康权典型案件，根据墨西哥宪法和国际条约规定的基本法律原则，分析这些案件是否属于上游或下游诉讼，法院在这些案件中的裁判方式是否一致，以及法院是否采取了遵循政策导向的方式审理裁判健康权诉讼。为此本文接下来将描述样本选择和具体研究方法，并简要描述研究结果以及尝试提出一般性结论。

## 二 样本选择

本文通过查询墨西哥最高法院电子数据库，从中挑选22个关于直接或者间接涉及宪法健康权的宪法保护判决（amparo judgments）。本文特意搜索任何已发表的涉及公民和法人侵犯他人健康权或与其相关的权利的宪法保护判决，案例样本涵盖的时间段为2011年8月至2017年6月。此时间范围综合考虑了从2011年6月始墨西哥国家进行的宪政制度改革。为了进行主题搜索，本文查询“健康权保护”和“健康照护权”等关键词。获得搜索结果后，本文排除了以下与公共健康政策和程序无关的内容，包括：重复性质的文件；没有完整公布全部档案的案件；与授权从事健康卫生相关专业有关的案件；以及与税收抵免和养老金有关的案件。其次，本文不探讨只能由政府单位或权力机构提起的与健康权相关的违宪行为和宪法争议。本文旨在重点探讨由自然人和法人提起的宪法健康权诉讼。在本文中，我们通过引用墨西哥最高法院的案例并给其编号，同时确定了每个类别对应的案例数量。这些案件的主题是多种多样的，但整体上这些案件都是相关的，因为它们都提出了与健康权相关的法律问题或是都与国家卫生健康法规和公共政策的合理性相关。在这些案件中，虽然具体案件事实和原告类型有所不同，但由于前面所提到的相似性，本文亦能得出关于墨西哥法院如何根据不同的原告类型来公正裁决公民健康权案件的一般性推论。

## 三 研究方法

本文采用霍尔（Hall）和伯里斯（Burris）研究员创设的研究方法，

对选取样本进行系统的分析。[①] 该研究方法提供了系统识别预定义代码和建立分析类别的工具，并通过对两类样本类型的分析，了解健康权相关案件到达墨西哥最高法院的内在原因以及法官在决策过程中考虑的因素。第一类用于确定诉讼相关人的类型、其背后的诉求以及其索赔依据的法律规范。基于此，本文通过研究墨西哥政府官方网站并引用具有较大争议的典型案例，从而应用了“诉讼人类型”（litigant type）、“诉讼目标”（litigation objective）和“健康权相关的法律问题”（legal problems relevant to health）的规范。[②] 第二类是为了分析墨西哥最高法院裁决健康权案件需要考虑的因素，并归纳出墨西哥最高法院在促进健康卫生系统变革方面的治理水平。因此，本文首先归纳整理墨西哥最高法院关于健康权定义的法律文本，通过分析这些定义来衡量其是否符合相关国际条约及基本法律原则，从而确定墨西哥最高法院是否遵循合宪性的义务。本文为了对裁决中使用的论点进行分类，归纳了不同裁决所依据的“法律原则”，包括墨西哥宪法（Mexican Constitution）中确立的法律基本原则以及其他被公众所认可的基本原则，例如公平、平等和正义等。[③] 此外，本文试图阐述墨西哥最高法院是否能以务实、政策导向的方式或者以司法三段论的方式来处理健康权案件。如果墨西哥最高法院的判决内容中考虑了法律以外的社会影响，则墨西哥最高法院是以务实和政策导向的方式进行司法裁决的。如果

---

① Scott Burris & Alexander C. Wagenaar, Integrating Diverse Theories for Public Health Law Evaluation, in PUBLIC HEALTH LAW RESEARCH: THEORY AND METHODS 193 (Scott Burris & Alexander C. Wagenaar eds., 2013); Mark A. Hall et al., Systematic Content Analysis of Judicial Opinions Systematic Content Analysis of Judicial Opinions. 96 CAL. L. REV. 63 (2008).

② Siri Gloppen, Litigation as a Strategy to Hold Governments Accountable for Implementing the Right to Health, 10 HEALTH & HUM. RTS. 21 (2008).

③ Neil MacCormick, Argumentación e interpretación en el derecho, 33 DOXA: CUADERNOS DE FILOSOFÍA DEL DERECHO 65 (2010); Principios de Universalidad, Interdependencia, Indivisibilidad y Progresividad de los Derechos Humanos. En quéconsisten, Tribunal Colegiado de Circuito [TCC], Semanario Judicial de la Federación y su Gaceta, Décima Época, Tomo 3, Abril de 2013, Tesis: I. 4o. A. 9 K (10a.), página 2254 (Mex.); Principio General de Igualdad su Contenido y Alcance, Segunda Sala, Suprema Corte de Justicia de la Nación [SCJN], Semanario Judicial de la Federación y su Gaceta, Décima Época, Tomo II, Junio de 2016, Tesis: 2a./J. 64/2016 (10a.), página 791 (Mex.); Sarah Clark & Albert Wale, Social Values in Health Priority Setting: A Conceptual Framework, 26 J. HEALTH ORG. & MGMT. 293 (2012).

墨西哥最高法院能规范地将法律适用于案件事实，而考虑其他法外因素（extra-legal consideration），本文认为法院是以司法三段论的规范方式裁决司法案件的。① 针对每项裁决，本文还考虑了墨西哥最高法院处理案件的裁判方式，比如是否判决将个案移送到行政部门或下级法院解决，或者是否由本院直接审查并作出最终判决结果。② 最后，基于对上述要素的分析，本文可以基本确定哪些案件属于上游诉讼，哪些案件属于下游诉讼，并可以规范性地得出墨西哥最高法院在审理健康权案件时是否能有效发挥其积极作用并且推动未来墨西哥卫生健康系统良性变革的结论。③

## 四　研究结果与讨论

### （一）相关案件中的原告及其诉求

本文区分了两类原告：作为患者的个人（patients or persons）和相关的企业（enterprises）。个人患者的诉求一般与医疗损害赔偿、非法药物限制政策和公共健康系统（public health system）结构性问题有关。公共健康系统的结构性问题又与确保公民获得医疗服务保障的公共政策有关，例如药物供应政策、公共医疗保健政策和临床档案政策。在这些案件中只有一个案件是由一群患者共同提出的，其诉求与墨西哥基础医疗设施政策有关。④ 此案中，艾滋病患者团体尝试寻求一个单独的医疗诊所来防止其患病成员的病毒传播和扩散。与其他患者团体相反，艾滋病患者团体历来组织良好并且能有效地将健康权案件提交给墨西哥法院。在墨西哥，基于目

① Joxerramon Bengoetxea, Razonamiento jurídico y post-positivismo: La contribución de Neil Maccormick, 36 ANUARIO DE FILOSOFÍA DEL DERECHO 267, 280-1 (2010).

② Brinks & Forbath, The Role of Courts and Constitutions in the New Politics of Welfare in Latin America, in LAW AND DEVELOPMENT OF MIDDLE-INCOME COUNTRIES 221, 239 (R. Peerenboom & T. Ginsburg eds., 2014).

③ Everaldo Lamprea, The Judicialization of Health Care: A Global South Perspective, 13 ANN. REV. L. & SOC. SCI. 431, 000 ¶ 18.3 (2017).

④ Suprema Corte de Justicia de la Nación [S. C. J. N.] [Supreme Court of Justice of the Nation], Segunda Sala, 15 de octubre de 2014, Ministro Alberto Pérez Dayán, Amparo en Revisión 378/2014 (Mex.).

前的搜索，只有几例由患者团体作原告的案件最终上诉到墨西哥最高法院。在患者作原告的案件中，法律争议往往与法律是否合宪和国家机关是否能积极回应公民健康权诉求相关。① 本文还发现了在墨西哥引起众多公民提起健康权诉讼的其他原因，例如一些患者无法获得良好的医疗资源、临床档案获取限制以及非法药物限制措施。② 在这些情况下，一些案件可能会因为政策原因或外界舆论压力而最终上诉到墨西哥最高法院，③ 例如第 8 号案件“大麻”（Case No. 8，Marijuana）。④ 这是一起上游诉讼。该案中一些自由派团体出于自身诉求上诉到法院，间接促使法院颁布了一个具有进步性意义的判决，并开创了一个司法先例，裁定娱乐性大麻合法化。在其他案件中一些患者还基于其未获得基本的医疗护理服务或者受到不合理的用药导致自身医疗损害。⑤ 墨西哥健康仲裁委员会（National Health Arbitration Commission）和墨西哥人权委员会（National Commission for Human Rights Defense）提供的数据证实了这种情况，因为这两个机构都收到了大量关于医疗服务机构致人损害的投诉，包括一些医疗机构不能提供基本的医疗服务、医疗患者无法获得有效药物治疗以及未经患者同意而向第三人提供私人信息等。⑥

本文同时搜集、整理了企业作为原告提起的健康权合宪性审查的案

① Paola Bergallo, Courts and Social Change: Lessons from the Struggle to Universalize Access to HIV/AIDS Treatment in Argentina, 89 TEX. L. REV. 1611 (2011).

② Ludovic Reveiz et al., Litigios por derecho a la salud en tres países de América Latina: revisión sistemática de la literatura, 33 REVISTA PANAMERICANA DE SALUD PÚBLICA 213 (2013).

③ Ludovic Reveiz et al., Litigios por derecho a la salud en tres países de América Latina: revisión sistemática de la literatura, 33 REVISTA PANAMERICANA DE SALUD PÚBLICA 213 (2013).

④ Suprema Corte de Justicia de la Nación [S. C. J. N.] [Supreme Court of Justice of the Nation], Primera Sala, 4 de noviembre de 2015, Ministro Arturo Zaldívar Lelo de Larrea, Amparo en Revisión 237/2014.

⑤ David Contreras-Loya et al., Abasto y surtimiento de medicamentos en unidades especializadas en la atención de enfermedades crónicas en México en 2012, 55 SALUD PÚBLICA DE MÉXICO 618 (2013); Sergio López-Moreno et al., Organización del abasto de medicamentos en los servicios estatales de salud: Potenciales consecuencias de la mezcla público-privada, 53 SALUD P ÚBLICA DE MÉXICO 445 (2011).

⑥ Comisión Nacional de Arbitraje Médico, Información Estadística 2018, GOBIERNO DE MEXICO (July 5, 2018), https://bit.ly/3jgUO8x; Comisión Nacional de los Derechos Humanos, Presentación Gráfica (July 2018), https://bit.ly/3cIxDkO.

例。例如一些企业质疑关于烟草、餐饮和卫生行政许可的多项公共健康政策的合宪性问题。近年来墨西哥卫生部制定了一些公共政策来降低公民的烟草消费，并尝试减少墨西哥人的肥胖问题。[①] 然而一些企业质疑这些公共政策的合宪性，认为这些政策直接侵犯了他们的合法贸易权利，导致其收入受到直接或间接的损失，并阻碍了其正常的生产和经营活动。与此同时，企业还控诉卫生部涉嫌侵犯他们在与健康权相关的行政案件程序过程中陈述意见的权利。上述分析表明，墨西哥卫生健康系统在保障公民安全、健康方面遇到了现实阻力。这些阻碍可能会加剧普通公民在获得基本医疗服务上的不平等状态，导致许多患者在获得基本医疗资源以及健康福利保障上存在巨大差异，因为墨西哥的卫生健康系统整体上是不均衡的。[②] 正如莫塔·费拉茨（Motta Ferraz）教授所说，当只有那些能够诉诸司法的人才能获得良好的医疗服务时，这种存在于卫生健康系统中的负面司法化倾向会进一步加剧社会的不平等。[③] 此外，一些研究员开始研究墨西哥卫生健康系统和公民提起健康权诉讼之间的联系，以及这两种因素对医疗公平的影响。[④] 通过他们的研究可以发现，墨西哥卫生健康系统整体符合公私混合的类型，因为它的财政来自国家、企业和雇员的不同贡献。[⑤] 目前墨西哥卫生健康系统中存在的实质不平等对待公民的现象可能导致法院采

---

① Ley General para el Control del Tabaco [LGCT] [General Law for the Control of Tobacco], Diario Oficial de la Federación [DOF] 30-05-2008; Sofia Charvel et al., A Process to Establish Nutritional Guidelines to Address Obesity: Lessons from Mexico, 36 J. PUB. HEALTH POL'Y 426 (2015).

② Ley General para el Control del Tabaco [LGCT] [General Law for the Control of Tobacco], Diario Oficial de la Federación [DOF] 30-05-2008; Sofia Charvel et al., A Process to Establish Nutritional Guidelines to Address Obesity: Lessons from Mexico, 36 J. PUB. HEALTH POL'Y 426 (2015).

③ Octavio Luiz Motta Ferraz, Harming the Poor Through Social Rights Litigation, 89 TEX. L. REV. 1643 (2011).

④ Colleen M. Flood & Aeyal Gross, Litigating the Right to Health: What Can We Learn from a Comparative Law and Health Care Systems Approach, 16 HEALTH & HUM. RTS. J. 62, 65 (2014).

⑤ Colleen M. Flood & Aeyal Gross, Litigating the Right to Health: What Can We Learn from a Comparative Law and Health Care Systems Approach, 16 HEALTH & HUM. RTS. J. 62, 65 (2014).

取更保守的态度。[①] 基于此，墨西哥最高法院必须在所有这些健康权案件中保持适度的谨慎、中立，同时在促进个案公平正义与推动全社会健康卫生制度变革中谋求一个平衡。[②]

## （二）批判性分析墨西哥最高法院的判决

在患者作原告的案件中，墨西哥最高法院坚持界定公民健康权的内涵须与国内宪法和国际条约相结合。但是，根据本文所搜集整理的案件事实和墨西哥判例法所确立的司法标准，可以发现在一些健康权案例中，墨西哥最高法院在界定健康权的保护范围上采取了不同的解释方法。在这些个人作原告的案例中，墨西哥最高法院限缩了健康权的保护范围，在企业作原告的案例中，法院则使用了公共健康的概念，扩大了健康权的保护范围。例如，在第 4 号案件“烟草广告”（Case No. 4，Tobacco Advertising）中，企业发布烟草广告被法院认定为有害公众健康。法院审理认为，为了加强对健康权的保护，可以对可能危害公共健康的商业活动进行一定程度的限制。[③] 然而，这一情况并不适用于所有企业作原告的案件。本文发现在一些关于有害产品的案例中，法院并没有考虑国家卫生部制定的行政法规和这些产品所诱发的健康风险，例如第 9 号案件“软饮料”（Case No. 9，Soft Drinks）。[④] 该案中，因墨西哥作为全球肥胖率最高的国家之一，其相关政策规定要对高中生和大学生饮用高热量饮料进行必要限制，但被墨西哥最高法院裁定为违宪。墨西哥最高法院认为要有效区分个人健康和公共健康，不能借保护公共健康之名实质上限制个人的基本权利。在个人作原告的案件中，墨西哥最高法院将健康权界定为公民享有健康、疾病预防和

① Suprema Corte de Justicia de la Nación [S. C. J. N.] [Supreme Court of Justice of the Nation], Segunda Sala, 17 de septiembre de 2014, Ministro Luis María Aguilar Morales, Amparo en Revisión 350/2014.

② Flood & Gross, Harming the Poor Through Social Rights Litigation, 89 TEX. L. REV. 1643 (2011).

③ S. C. J. N., Primera Sala, 4 de julio de 2012, Ministro José Ramón Cossío Díaz, Amparo en Revisión 314/2012.

④ S. C. J. N., Segunda Sala, 18 de enero de 2017, Ministra Margarita Beatriz Luna Ramos, Amparo en Revisión 104/2016.

获得医疗健康服务的权利，并享有符合墨西哥判例法所确定的其他权利。然而，本文也发现一些与这一立场相矛盾的判决。在第2号案件“孤儿药”（Case No. 2，Orphan Drug）中，法院审理认为在医药领域，基本健康服务只能涵盖国家官方药物目录清单中所规定的药物。在所有涉及个人作原告的案件中，国家通常负有尊重和保护公民健康权的义务，包括禁止公民消费和接触某些有害物质、监督私人和公共卫生机构，以及准许公民参加涉及自身重大健康权益的决策活动。本文发现不同基层法院对于行政部门应如何有效保障公民健康权持不同的见解。在某些案件中，法官普遍认为行政机关保护公民健康权符合社会公共利益，彰显社会责任，可以适当超出国家卫生健康局所规定的行政程序限制。然而，在另外一些案件中，例如第1号案件“贫困者”（Case No. 1，Indigent Person），法院审理认为对于基本人权的保护取决于公民通过特定的行政程序、司法程序向行政机关、司法机关主张这些权利。在这种情况下，超出行政程序限制可能对公民的基本权利造成消极影响，同时也违反健康权的基本定义和价值准则。

在医疗损害案例中，健康权一般被解释为国家通过一系列措施保障公民享有预防和治疗疾病以及获得身体和心理健康的权利。为实现这一目标，国家有义务在商品贸易、货物流通和医务人员卫生标准中强化安全保障责任。审理这些案件的法院还认为享有健康权应被视为公民享有其他权利的先决条件。[①] 因此国家和地方政府必须尽可能创造条件以最大限度地保障公民享有健康权，让公民享受到及时、充分、可负担和优质的卫生健康设施和服务。

就法院判决中运用平等、公平、公正和正义法律原则的情况而言，本文可以得出以下结论：这些原则在大部分情况下适用得当，但在某些特殊情况下则适用不当。在个别案件中，适用法律原则需要受到限制，因为法院的司法解释必须符合立法规定，即使这可能与大众普遍认为的法律原则的基本内涵相反。在第10号案件“电子烟”（Case No. 10，e-Cigarette）中，

① S. C. J. N.，Segunda Sala，17 de septiembre de 2014，Amparo en Revisión 350/2014.

法院认为，为了保证不同产品受到公平对待，电子烟应与普通烟草一样受到监管。[①] 然而这个论点存在一些问题，因为人权原则同样适用于产品，而在界定健康权时对这些产品进行监管被认为是违宪的。与公共健康政策相关案例相反，医疗损害案例则为本文提供了对平等、正义和公平等法律原则更为全面、深层的理解。这些案例表明国家应负有有效保障人权和确保医患关系和睦的义务，并且就医疗损害行为，公民有权依照平等、正义和公平的法律原则获得适当的、成比例的物质和精神损害赔偿。这些案例同时也反映了风险理论，即在正常营利活动中，如果谁让他人处于风险之中，谁就承担风险导致的损害赔偿责任。

墨西哥最高法院在审理健康权的案件时，会根据原告的类型不同程度地适用平等、公平、公正和正义法律原则。法院在患者个人作原告的案件中，认为健康权是公民享有其他基本权利的先决条件，而在企业作原告的案件中认为健康权可以适当克减以保护其他基本权利，比如商业权。在第10号案件“电子烟”（Case No. 10，e-Cigarette）和第9号案件“软饮料”（Case No. 9，Soft Drinks）中，健康权和商业权之间存在不适当的平衡和价值冲突。[②] 在这两个案件中保护商业权明显比适用具有普遍性的卫生健康政策、法规更为重要。然而，最高法院在处理其他健康权案件时持不尽统一的标准。在一些企业作原告的案件中，行政机关承诺要采取积极措施来逐步保护公民的健康权，包括对商业活动进行适当限制和实施弱势群体健康帮扶计划等。然而，不少案例已揭示这一行政原则在实践过程中存在现实局限性。例如在第1号案件“贫困人口”（Case No. 1，Indigent Person）和第2号案件“孤儿药”（Case No. 2，Orphan Drug）中，由于国家的经济管控措施，公民健康权受到一定程度的限制，虽然这一管控可以在一定程度上保障公民健康权的稳定性，但是墨西哥最高法院并没有深入审查该行

① S. C. J. N., Segunda Sala, 30 de noviembre de 2016, Ministro Eduardo Medina Mora I., Amparo en Revisión 1061/2015.

② S. C. J. N., Segunda Sala, 23 de septiembre de 2015, Ministro José Fernando Franco González Salas, Amparo en Revisión 513/2015.

政行为的合宪性。[①] 在其他案件中，例如第8号案件“大麻”（Case No. 8，Marijuana），墨西哥最高法院积极（progressively）审查行政机关的特定行政行为，以至于对公民健康权保护造成负面影响。该案中最高法法官基于自由裁量权，判决支持被告可娱乐性地消费大麻，而未考虑任何关于大麻有害身体影响的科学文献或分析墨西哥卫生健康系统将来如何对药物的非医疗用途作出回应。[②]

墨西哥最高法院倾向于采取一种更形式主义的方式（formalistic way）去审理患者个人作原告的案件，尤其是医疗损害案件。在公共健康政策普遍遭受公众质疑的情况下，墨西哥最高法院会比较衡量形式主义和务实主义的优劣来判断司法判决所引发的社会影响。例如在第9号案件“软饮料”（Case No. 9，Soft Drinks）中，墨西哥最高法院选择采取务实主义（pragmatic）的审理方法。[③] 该案中如果法院认为相关健康法规是合宪的，那么相关“软饮料”的消费便会受到阻碍，从而直接或间接地减少劳动岗位数量并损害劳动者的合法权益，因此法院判定该健康法规违宪。同样，在第1号案件“贫困人口”（Case No. 1，Indigent Person）中，法院也采取了务实主义的审理方法。该案中法院认为由于国家资源有限，必须优先考虑社会中对资源最为需要的群体，而不是解决个人需求。

本文发现，不管法院采取务实主义还是形式主义审理案件，都不能保证特定案件中原告的诉求得到全部支持。在第2号案件“孤儿药”（Case No. 2，Orphan Drug）中，虽然法院采取了务实主义的审理方法，权衡了企业盈利和生产效率，也支持了相关医疗机构需要优化治理结构以寻求临床有效和成本合理的药物的诉求，[④] 但现实中医疗机构无法实际向患者提供所要求的药物。在相反判决结果的另一判决第3号案件“药物”（Case

① Norman Daniels et al.，Role of the Courts in the Progressive Realization of the Right to Health：Between the Threat and the Promise of Judicialization in Mexico，1 HEALTH SYSTEMS & REFORM 229（2015）.

② S. C. J. N.，Primera Sala，4 de noviembre de 2015，Amparo en Revisión 237/2014.

③ Benjamin Hawkins & Arturo Alvarez Rosete，Judicialization and Health Policy in Colombia：The Implications for Evidence-Informed Policymaking，47 POL'Y STUD. J. 953（2017）.

④ S. C. J. N.，Segunda Sala，30 de noviembre de 2016，Amparo en Revisión 1061/2015.

No. 3, Medication）中，最高法院评估药物时并没有以企业盈亏为标准，而是充分考虑了患者原告的脆弱性（vulnerability）。[①] 该案中法院判决相关医疗机构应提供必要的药物，并且实践中患者原告确实得到了必要的药物。此外，最高法院还裁定国家必须尽可能地保证公民享有一系列获得健康卫生设施、药品和医疗服务的权利。

最后，本文发现墨西哥最高法院通常将推迟（defer）处理涉及分管具体行政职能的行政机关特定领域的案件。本文认为这种推迟处理应被理解为，尽管法院不应直接介入行政机关和立法机关的工作，但墨西哥宪法规定司法机关负有有效平衡行政机关和立法机关职能的义务。而无论司法机关是否决定延缓审理特定案件，它都应该通过以下方式裁决案件：（i）将案件提交原审法院；（ii）明确支持或不支持特定诉求；（iii）明确保护某项具体权利；（iv）明确不保护某项具体权利。[②] 尽管程序法允许墨西哥最高法院延缓案件审理，但法院适用于不同案件的方法并不一致。例如在第11号案件"肾脏"（Case No. 11, Kidney）中，法院不断延缓案件审理，直至行政机关决定是否应在美国代办医疗服务。[③] 相比之下，第10号案件"电子烟"（Cases No. 10, e-Cigarette）和第9号案件"软饮料"（Case No. 9, Soft Drinks）虽然也涉及行政机关的决定，但最终还是由墨西哥最高法院来裁决案件结果。[④]

## 五　结语

在健康权司法化的国家，一国宪法法院（constitutional courts）在裁决健康权案件时发挥着重要示范作用，因为宪法法院的最终裁决会直接或间

---

① S. C. J. N., Primera Sala, 26 de septiembre de 2012, Ministro Jorge Mario Pardo Rebolledo, Amparo en Revisión 508/2012.

② S. C. J. N., Segunda Sala, 17 de septiembre de 2014, Amparo en Revisión 350/2014.

③ S. C. J. N., Segunda Sala, 2 de diciembre de 2015, Ministra Margarita Beatriz Luna Ramos, Amparo en Revisión 896/2015.

④ S. C. J. N., Segunda Sala, 13 de abril de 2016, Ministro Alberto Pérez Dayán, Amparo en Revisión 73/2016.

接影响该国卫生健康系统的变革与未来。本文旨在填补关于研究墨西哥最高法院促进健康权司法化的一个重要学术空白，因为目前学术界没有系统性地评估法院与健康权的密切联系，也没有研究墨西哥最高法院在推动墨西哥健康卫生系统变革中所起到的积极作用。本文通过审查墨西哥最高法院的 22 个健康权典型判决后，可以得出以下结论：墨西哥最高法院并未适用统一标准来审理裁决健康权案件，并且在许多司法案件中错过了主动裁决的机会。墨西哥最高法院在健康权的定义上是基本一致的，但在法律原则和法律法规的适用方式上不一致，以及在裁决是否延缓案件审理上也不尽一致。墨西哥最高法院对于健康权概念的界定已经同国际条约达成一致，也符合墨西哥判例法的基本精神。然而正如前文提及的，在某些案件中墨西哥最高法院适用法律原则、法律法规或者推迟案件审理的方式，司法实践中情况并非如此。例如在第 1 号案件“贫困人口”（Case No. 1，Indigent Person）和第 2 号案件“孤儿药”（Case No. 2，Orphan Drug）等案件中，墨西哥最高法院审理裁决忽视（disregard）人权和发展权相结合的原则，并选择支持行政机关的行为，忽视裁决可能引发的巨大法外（extralegal impact）影响。

关于延期判决（deferral），例如在第 10 号案件“电子烟”（Case No. 10，e-Cigarette）中，墨西哥最高法院没有将案件推迟给具体实施行政处罚的行政部门，并判决本案有利于公司。然而，在第 2 号案件“孤儿药”（Cases No. 2，Orphan Drug）和第 1 号案件“贫困人口”（Case No. 1，Indigent Person）中，法院却以渐进式的审判方式来稳步处理墨西哥卫生部的违宪行为，同时将这些案件推迟给相关的行政机构。值得注意的是，在所有这些案例中，墨西哥最高法院都有机会审查政府机关的决策行为，因为这涉及合宪性问题。只有在与烟草有关的案件和损害后果极其严重的案件中，例如第 11 号案件“肾脏”（Case No. 11，Kidney），墨西哥法院才采取非常果断、不迟延的立场来审查本案。

虽然宪法保护诉讼最初是为了保护个人权利，但本文发现由集团或公司（groups or corporations）提起的案件具有上游诉讼的特点，兼具制度性影响的效果（structural effects）。毋庸置疑，除了第 1 号案件“贫困人口”

（Case No. 1，Indigent Person）和第 2 号案件“孤儿药”（Case No. 2，Orphan Drug）等标志性案件外，患者个人作原告的诉求大多与人身损害赔偿有关，而这样的司法案件属于下游诉讼。在这些案件中，患者原告正不断质疑制定卫生健康服务公共政策的合理性。相比之下，由企业作原告提起的案件中原告则普遍质疑公共健康政策的合宪性，因为这些公共政策可能会损害公众健康，例如第 9 号案件“软饮料”（Case No. 9，Soft Drinks）和第 10 号案件“电子烟”（Case No. 10，e-Cigarette）。本文认为墨西哥最高法院需要在有效保障公民健康权方面发挥更加积极主动（proactive）的作用。墨西哥最高法院应发挥司法能动作用，对影响公民健康的公共政策进行司法审查（judicial review），并制定统一规范的符合社会现实的法律解释规则。基于此，墨西哥最高法院必须加快出台合宪性审查机制（deliberation mechanisms），并与一系列利益相关方达成共识，在合宪的基础上发挥墨西哥最高法院在推动墨西哥卫生健康系统良性变革中所起到的积极作用。

# Mexican Apex Judiciary and Its Multiple Interpretations: Challenges for the Constitutional Right to Health

Fernanda Cobo，Sofiía Charvel，Xu Shize

**Abstract**: The judicialization of social rights is a reality in Latin America; however, little has been said about this phenomenon in Mexico or about the role of the Mexican Supreme Court (Suprema Corte de Justicia de la Nación, SCJN) in advancing an effective guarantee of the right to health. Studying the ways in which health-related cases are resolved in Mexico enables us to evaluate the role of the SCJN when ruling for or against this right. This article aims to determine whether the SCJN, through the analysis of its rulings, is or could be a catalyst for change in the healthcare system. This article reports on the results of a systematic content analysis of twenty-two SCJN rulings, examining the claimants, their claims as understood by the SCJN, and the elements considered by the justices in their decision-making process. The analysis of the way in which the SCJN ruled in these cases demonstrates that the SCJN must be uniform and consistent in applying constitutional and conventional principles to improve predictability of its decisions and to be innovative in responding to the new requirements posed by economic, social, and cultural rights. The SCJN should increase its possibilities of promoting structural reforms where laws or policies are inconsistent with constitutional or conventional standards by maintaining a middle ground with respect of the executive and legislative branches.

**Keywords**: Judicialization of Social Rights; The Right to Health; Mexican Supreme Court

# 《北外法学》稿约

《北外法学》(*BFSU Legal Science*)(下称“本集刊”)创刊于2019年,是由北京外国语大学法学院主办、社会科学文献出版社定期出版的学术集刊,每年两期,上半年和下半年各出一期。本集刊强调原创,重视学术规范,主张以国际化的视角研究中国问题,致力于为中国法治事业和中外法学交流提供智力支持。现热诚欢迎国内外专家学者、法学教育研究者惠赐论文、译作,并请注意以下事项。

一、本集刊的常设栏目主要包括但不限于宪法与行政法研究、刑事法律研究、国际法与国别法研究、民商事法律研究。来稿选题不限,凡属法学学科相关之论文均属本刊征稿范围,译作应选择重要、权威、经典之文献。

二、敬请作者来稿时提供:(1)中英文题目及作者姓名,标题尽量确切、简洁;(2)中英文摘要(300字左右);(3)中英文关键词(3~5个);(4)作者简介(含姓名、工作单位、职称、学历学位、研究方向、通信地址、邮政编码、联系电话、电子邮箱);(5)项目名称和编号;(6)正文;(7)注释。译文请附外文原文。来稿以1万字左右为宜,一般不超过2万字,针对特别重大问题的优秀稿件字数不限。

三、投稿方式:请通过邮箱bwfx@bfsu.edu.cn投稿或寄送纸质稿件。邮寄地址:北京市海淀区西三环北路2号北京外国语大学西院国际大厦法学院1103办公室《北外法学》编辑部。邮编:100089。电话:010-88814525。

四、本刊拟加入相关数据库,来稿如不同意编入电子数据库,请书面声明。

五、本刊有权对来稿做技术性删改,如不同意删改,请在来稿中注明。

六、本刊试行专家匿名审稿制度，如编辑部收稿后三个月内未发出用稿通知，请作者自行处理。

七、本刊以文章质量为唯一考量因素，不收取亦不委托任何人收取版面费等费用。

**注释要求**

注释采用脚注，一律置于当页页面底部，采取①②③……的标号，每页重新编号。不用尾注、文末参考文献形式。

1. 个人专著著录格式

张文显：《二十世纪西方法哲学思潮研究》，法律出版社，1996，第134~135页。

2. 三位以上作者专著著录格式

丁志杰等：《中国视角的国际金融》，中国法制出版社，1999，第203页。

3. 主编作品著录格式

郎胜主编《中华人民共和国刑事诉讼法修改与适用》，新华出版社，2012，第309页。

4. 中文译著著录格式

〔德〕京特·雅科布斯：《法哲学前思》，冯军译，法律出版社，2001，第15~16页。

5. 多卷册文献著录格式

《马克思恩格斯全集》（第1卷），人民出版社，1965，第25页。

6. 多版次文献著录格式

〔美〕哈里·D. 格劳斯：《家庭法》（第3版），法律出版社1999年版影印本，第170页。

7. 期刊析出文献著录格式

赵晓丽、李春杰：《中国电力产业的规制及其法律问题》，《法学杂志》2002年第2期。

8. 文集析出文献著录格式

尹田：《法国合同责任的理论与实践》，载梁慧星主编《民商法论丛》

(第 3 卷), 法律出版社, 1995, 第 151~152 页。

9. 报纸析出文献著录格式

庚向荣:《说理是司法裁判文书的生命》,《法制日报》2013 年 2 月 19 日, 第 7 版。

10. 网络文献著录格式

苏力:《中国现代化进程中的法制问题》, 北大法律信息网文献库, http://chinalawinfo.com/fzdt/xwnr.asp? id = 11223, 最后访问日期: 2018 年 1 月 5 日。

11. 外文专著著录格式

依该种外文引注习惯。

图书在版编目(CIP)数据

北外法学. 2023年. 第2期：总第10期 / 米良主编
.-- 北京：社会科学文献出版社，2024.1
ISBN 978-7-5228-3315-6

Ⅰ.①北… Ⅱ.①米… Ⅲ.①法学-文集 Ⅳ.
①D90-53

中国国家版本馆CIP数据核字(2024)第026649号

北外法学（2023年第2期 总第10期）

主 编 / 米 良

出 版 人 / 冀祥德
组稿编辑 / 高明秀
责任编辑 / 许玉燕
文稿编辑 / 王楠楠
责任印制 / 王京美

出 版 / 社会科学文献出版社 · 国别区域分社（010）59367078
地址：北京市北三环中路甲29号院华龙大厦 邮编：100029
网址：www.ssap.com.cn
发 行 / 社会科学文献出版社（010）59367028
印 装 / 唐山玺诚印务有限公司

规 格 / 开 本：787mm × 1092mm 1/16
印 张：12.25 字 数：184千字
版 次 / 2024年1月第1版 2024年1月第1次印刷
书 号 / ISBN 978-7-5228-3315-6
定 价 / 89.00元

读者服务电话：4008918866

版权所有 翻印必究